採用される転職者のための面接トーク術

モデル応答例付き

キャリア・アドバイザー
小島美津子

日本実業出版社

まえがき

話を聞くのが面倒……と思われたら「面接」は即終了

なぜ面接で落ちるのか……という転職希望者の悩みは深刻である。不採用がつづけばなおさらだ。だが、そんなケースで気づくのは中途採用の面接に対する思い違いが多いということ。これは「履歴書・職務経歴書の書き方」についてカン違いや犯しやすい間違いがあるのと同様である。結果、たとえ採用条件である経験やスキルを満たしていても、あるいは書類選考では通っても、面接で落ちてしまう応募者が少なくない。

まず、よくあるのが「じっくり話せば自分のよさをわかってもらえる」と考えて面接に臨むカン違いだ。こんなに真剣に取り組んでいるのだから、会って話せば相応に評価されるはずだと思い込んでいる。確かに、ある外資系コンサルタント企業のように慎重な面接が5回以上も繰り返される例や、パフォーマンスの高い人材獲得のため複数の採用人事専門家が徹底した適性・能力査定を行っている上場企業の例などもある。

だが中途採用の選考手法はさまざま。ほとんどの求人企業には専門部署すらなく、採用人事を専任で行う専門家もいないというのが実情である。面接当日は、自ら現場の第一線で働く多忙な経営者、または人事決定権をもつ現場役員が日常業務の合間を縫って対応するという例が圧倒的多数を占めている。「最初の5分で大体決まります。〝この人はいい〟と思えば、さらに面談をつづけますが、〝ダメ〟と思えば時間を割くのは惜しい。話を聞くのも面倒というのが正直なところです」とは、ある経営者が語ってくれた面接対応の本音である。

こうした〈転職面接〉の実態を理解していただくことも重要な面接対策と考え、本書では面接選考の場面でありがちな事例や留意点についても触れるようにした。

面接を〝自己アピールの場〟と思うのは大きな間違い

また面接トークに対する誤解も多い。これは「事前に自己PRの練習もして、うまく話せたのに不採用だった」「質問にはすべてスムーズに回答できたのに不採用だった」といった結果を招きやすい。覚えておいてほしいのは、単に話し上手な人や実力のある人が採用されるわけではない、という現実である。

未知の将来性や可能性を重視する新卒採用とは違い、中途採用で求められる人材像は具体的であり、それだけに応募先企業によって大きな格差がある。そして採用されるのは、あくまでも求人企業のニーズに合致した人だけ。そこを理解せず、面接を自分の言いたいことを発表する〝自己アピールの場〟と考えれば採用を勝ち取るのは困難になる。面接は、応募先のニーズに合う自分を伝える〝セールスの場〟。言ってみれば、展覧会ではなく販売会であると思いきわめることが大切だ。

面接担当者は、限られた時間で初対面の応募者の経験やスキルを確認し、その言動から仕事姿勢や行動傾向、意欲や適性を判断し、職場との相性をチェック。さらにはマイナス材料も洗い出して採否の判断を下そうとしている。すべての質問は、そのためのものだ。仕事には無関係に思える質問でも、そのウラに隠されている真意を考え、応募先のニーズに合ったセールストークをしていく必要がある。本書ではモデル応答例を多く掲載したが、同時に、その質問にどのような真意があるのか……に、できる限り具体的に言及するようにした。

転職先選びは100％自己責任……と覚悟して臨みたい

さらに根本的な間違いは、「面接を受ける」という言葉が示す受け身の意識だろう。よく「採用する側とされる側は対等。応募者も面接担当者の受け答えから企業をチェックしよう」といった助言は行われるが、単なる〝建前〟として軽く聞き流されてしまいがちだ。面接日時が決まると、自分が新聞や求人チラシ、情報誌、インターネットなどの募集広告ひとつを頼りに、その記述内容を信じて応募先企業を選んだことを忘れてしまう応募者も少なくない。

だが実際のところ、そうした募集広告でどこまでのことが把握できるだろう。ある出版大手の求人媒体の場合は、読者利益やトラブル防止のために掲載企業や募集広告の内容・表現についてのガイドラインを設けているが、それは希少例。たいていの求人媒体は、広告主の依頼通りに掲載することをビジネスにしているのが普通だ。わかりにくい省略表現やあいまいな表現も多く、またスペース上の理由もあって重要な情報をもらしたまま「委細面談」とだけ記述したものさえある。

疑心暗鬼に陥る必要はないが、そうした求人広告主に〝選ばれる〟ことだけを考えていてはいけない。新卒時の就職とは違って、転職先選びは１００％が自己責任。「面接を受ける」のではなく、その応募先が本当に自分の転職先としてふさわしいのか……を確認するために「場と時間をもらう」という姿勢で臨んでいただきたい。

本書の構成に当たっては、とくにそうした面からも役立つものであるように心がけた。単に面接に合格するというだけではなく、読者のみなさまが希望通りの転職に成功するための一助となれば幸いである。

小島美津子

まえがき

第1章
転職面接の実情
新卒者採用時の「就職面接」とは大違い

■〈面接〉の固定概念を捨てよう！……10
①「転職面接」はどこがどう違う？……12
■応募者側から見た「新卒」と「中途」の面接の違い
②専任の面接担当者がいる会社は少ない……14
■面接担当者が犯しやすいエラーと応募者側の対処
③不可欠な会社情報の収集……16
■業界・企業の事前研究5つのテクニック
④筆記・実技試験のある会社も多い……18
■採用テストの例⑴筆記テスト
■採用テストの例⑵パソコン操作実技
■採用テストの例⑶ロールプレイング
■採用テストの例⑷業務実技

第2章
面接の基本マナーと常識
本番前に落とされる応募者もいる

■「知らない」「気づかない」のが一番コワイ！……24
①電話での面接アポから選考がスタート……26
■面接予約電話のかけ方
②〝見た目〟は中身の印象も左右する……28
■面接時のファッションと持ち物
③知ってるようで知らない基本マナーと動作……30
■あなたの「常識」は「非常識」ではないか？
■面接の基本動作と注意ポイント
POINTコラム／さぁどうする？　予想外の面接トラブル……34

第3章

受け身一方の応答から脱却しよう

転職面接の質疑応答

■事前のトレーニングで質疑応答が変わる！ 36
①嫌われた応募者は採用されない 38
■質疑応答で好印象を与える5つのコツ
②応答は3つの角度で評価される 40
■面接担当者がもつ「評価・採点表」の例
③じっくり話せると思うのはカン違い 42
■面接スタイル別の心構えと注意点
④必ず確認したい応募先への疑問 44
■一般的な質疑応答の流れ
POINTコラム／面接でよく使う基本敬語 46

第4章

どう答える？　よく聞かれる質問

定番質問のツボは事前に押さえておこう

■事前準備と表現の工夫でライバルと同じ応答を防ぐ！ 48
①なぜ当社に応募したのですか？ 50
②この仕事を選んだ理由は何ですか？ 52
③退職（転職）を決心したのはなぜですか？ 54
④以前の仕事内容について話してください 56
⑤当社のことをどの程度知っていますか？ 58
⑥あなたの長所・短所は？ 60
⑦前職給与額（希望給与額）はどのくらいですか？ 62
⑧残業（出張）がありますが対応できますか？ 64
⑨採用されたらいつから出社できますか？ 66
⑩ほかの会社を受けていますか？ 68
⑪あなたの〝強み〟は何ですか？ 70
⑫最後に何か質問がありますか？ 72
POINTコラム／ありがちなNG応答……年代別の注意ポイント 74

第5章 職種別必勝フレーズの鍵は具体性にある

どう答える？ 職種に応じた質問

■直前アクションで必勝トークを準備！……76
①一般事務／パソコンスキルは前提……78
②経理事務／実力の伝え方がカギ……80
③秘書・受付／人物重視傾向が強い……82
④総務・人事／分野経験の明示も必要……84
⑤企画・マーケティング／ビジネス感覚をアピール……86
⑥販売／職業観が厳しく問われる……88
⑦営業／目標達成の実績を示す……90
⑧技術職／スキル向上意欲も採用基準……92
⑨マスコミ系職種／業務理解が第一条件……94
⑩ユーザーサポート／職業資質を前面に……96
⑪介護系職種／資格だけではNG……97
⑫派遣コーディネーター／判断力が問われる……98

第6章 弱点カバーでマイナスをプラスに転じる

どう答える？ ハンディに切り込む質問

■自分のハンディを知ることがカバーの第一歩！……100
①「実務未経験」のハンディ……102
■まったくの未経験でやり遂げる自信がありますか？
■この仕事を志望するに当たって何か勉強をしましたか？
■せっかくの前職経験を捨てるのはやりがいがなかったということ？
②職歴関連のハンディ……106
■経験があってもウチのやり方は違いますよ。
■転職回数が多いのには何か理由があるのですか？
■転職するたびに違う仕事に就いたのはなぜですか？
■前職場をすぐ辞めたのは、何か事情があったのですか？
■ブランクが長いですが、退職後に何かしていたのですか？

③応募に関係したハンディ……112
■応募条件の○○資格はないのですね？
■自宅が遠いようですが、通勤にムリはありませんか？
■この仕事に就いたのでは、せっかくの資格が生かせませんよ。
④個人的な事情によるハンディ……116
■職場での年齢のギャップが気になりませんか？
■再就職することに対して、ご家族の理解は得られましたか？
■お子さんが病気のときはどうしますか？
■健康状態は、もう心配ないのですか？

第7章 難問・珍問も狙いがわかれば恐くない

どう答える？ 突っ込み質問

■狙いを知って冷静に応答！……122
①圧迫面接が行われる理由を知っておこう……124
■圧迫面接のタイプと対応法
②質問にはすべて選考上の狙いがある……126
■もし当社で不採用となった場合どうしますか？
■あなたは年上の女性（男性）にモテるんじゃないですか？
■あなたは気が強そうですね。人間関係のトラブルが多いのでは？
■お休みの日は何をして過ごしているのですか？

第8章 聞きにくいことを聞くにはコツがある

どう切り出す？ 会社への確認質問

■確認質問は切り出し方・聞き方で印象が変わる！……132
①入社すべき会社かどうかを面接チェック……134
■ここを確認！ チェックリスト
②仕事関連の質問は〝熱意の表れ〟として聞く……136
■やりとりを通じ志望職種で採用されるのか、少し心配に…
■任される仕事の内容やレベルがどうも予想とは違みたいだ
■どのくらいのノルマが課せられるのか不安だ

③お金の質問はタイミングが印象を決める……140
■求人広告の記述の通りにボーナスは出るのか？
■実力主義の昇給というが査定基準も昇給の目安もわからない
■ちょくちょく残業があるらしい。残業代はきちんとつくのか？
④勤務条件や待遇の質問には具体的な回答をもらう……144
■配属される店舗はどこになるのか
■交替勤務制のシフトってどうやって決まるの？
■有給休暇をキチンととりやすい会社だろうか
⑤会社や職場環境の質問は下調べも必要……148
■頻繁に出ている求人広告……社員の定着率が低い会社なのか
■「アットホームな会社」、飲み会ばかりじゃヘキエキ
■事業内容がどうもあいまい、怪しい会社では……
■出産や子育てと両立しやすい会社か？

付録

内定通知から入社まで ときには必要な内定通知後の交渉

①内定通知への返信連絡は一両日中に行う……154
■モデルトーク（入社諾否の返事の保留／内定辞退）
②入社前の確認・調整・交渉こそ「面接」の総仕上げ……156
■面接終了から内定通知、契約、初出勤までの流れ

装丁・DTP／石岡 裕邦
イラスト／岩沢 明夫

第1章

転職面接の実情

新卒者採用時の「就職面接」とは大違い

たいていの転職者は、これから受ける＜面接＞に何らかのイメージを抱いているもの。だが、少ない経験をもとにした思い込みが強すぎると、予想外の展開に戸惑ったり判断力を失うことになりがちだ。中途採用では、求人募集をする理由も、ほしい人材も職場ごとに違う。当然ながら面接のスタイルや雰囲気も千差万別だと知っておこう。

●どんなところで行われる？

社内の会議室や応接室など、応募者のプライバシーを守る環境で行われるのが一般的。だが会社規模や応募者数、業種などで実態はまちまち。玄関ホールの商談コーナーもあれば社長室の応接ソファ、はたまた近隣の喫茶店、また大規模な貸スペースなどに会場を設けて整理券を渡されるようなケースもある。

●面接の時間はどのくらい？

筆記テストなどは別だが、“面接”そのものは20～30分が一般的。また応募者が多いほど面接時間は短くなる傾向があり、最近は15分程度で終了したという話をよく聞く。ただし、一方では面接担当者に気に入られ１時間を超すようなこともあるなど二極化傾向あり。

●面接のスタイルは？

応募者が多い場合はグループ面接もあるが、「個人面談」が一般的。応募者１名に対してポジションの違う数名の面接担当者が同席するのが普通で、とくに２回以上の面接がある会社では１対２、１対３といった例が多い。ただし「面接１回のみ」という会社のケースでは、マンツーマン形式も珍しくない。

〈面接〉の固定概念を捨てよう!

中途採用の面接スタイルや雰囲気は実にバラエティ豊か。
応募するのは小さな会社だから、きっと採用担当者と
落ち着いて話ができるだろう……といった思い込みは禁物だ。

よくある転職面接あれこれ

●求人背景や採用人数は？
企業が中途採用をする理由としては①欠員補充　②人手不足などがよく知られている。そのほか、最近は③既存事業の見直しや新規事業の立ち上げに伴う採用なども目立ってきた。この③のケースでは2ケタ単位の増員も見られるが、採用人数はほとんどが1〜3名程度。そこに数倍、数十倍、ときには百倍を超す応募者が集まってくる。

●採用までの面接は何回？
人事担当者を対象にしたある調査では「2回」という回答が半数以上で、「3回」と合わせると9割を超す。だがこれは専任の採用担当者がいる会社の例と考えるべき。別の、転職成功者を対象にしたアンケート調査によれば、「1回のみ」が圧倒的多数。とくに経営者が実務に携わっている会社では、ほぼ一発勝負で決まるのが通例だ。

1 「転職面接」はどこがどう違う？

■求められるのは即戦力だけではない

中途採用は、即戦力を求められる点が新卒採用と違う……と聞いたことがあるはず。もともと中途採用は「欠員補充」を目的とするものが大半を占めていたからだ。そこでは、即時に前任者の穴を埋める実務力が第一とされるのが普通だった。欠員があったとき不定期に求人募集が行われ、採用後は早々に入社を求められるため、在職者の転職活動はとかく不利になるという側面もあった。

しかし、最近は中途採用に対する考え方も変化。経営方針の見直しや事業の拡張・新規立ち上げの計画に沿って定期募集したり、優秀な人材を確保するために通年で門戸を開くなど、中・長期の視点で外部に人材を求める会社が目立って増えた。

職務経歴や専門技能などの必須条件はあっても、こうしたケースでは即時入社への対応や前任者の穴埋めをする即戦力は絶対条件とはされないのが普通。その分、発想・提案力や対人折衝力、指導力、目標達成力など、いわゆる〝ヒューマンスキル〟を重視する傾向が強くなっていることも知っておこう。

■「何がしたいか」でなく「何ができるか」

では、転職面接は新卒時の就職面接とどこが違うのか。左ページに応募者の側から見た違いをまとめてみた。だが、もっと違うのは面接担当者が評価対象とする項目、さらには選考結果の出し方だろう。

就職面接での質疑応答は、「入社後になにをしたいか」など自己PRと志望動機に集約される。面接担当者は「学生時代に何をしたか」など応募者の自己インフォメーションを聞いて〝将来性〟を読み取り、自社にふさわしい人材に育つ見込みのある新人を選んで必要な人数を確保する。

しかし中途採用の面接では〝将来性〟といった不確かなものより、経験の中身や技能レベル、努力や発想・提案による実績といった〝現実〟が評価対象になる。それだけに面接担当者もよりシビアにならざるをえない。自己PRや志望動機のほか、職歴や前職の仕事内容などの質疑応答から、応募者が自社の求める人材かどうかを判断。結果、該当する応募者がいなければ全員不採用という例も珍しくない。それが転職面接の結果の出し方なのだ。

応募者側から見た「新卒」と「中途」の面接の違い

新卒「就職面接」の場合	項　目	中途「転職面接」の場合
会社説明会や資料送付のほか、ＯＢ訪問などで応募先の会社に関する情報をひと通り入手できるのが一般的。	応募先の情報収集	転職フェアなど合同会社説明会もあるが、たいていは求人広告ではじめて知る会社。少ない時間の中で入手できる情報に限りがある。
１次はグループ面接が多く、応募者同士の討論が行われる例も珍しくない。２次、３次面接も普通。ときには５次面接まで。	面接のスタイル	回数や面接担当者の人数はまちまちだが、個人面談が主流。経営者によるマンツーマンの面接１回で採用されることもある。
一括採用が普通。入社後に適性などで配属されるためか、面接では職種のことや具体的な仕事内容についての話題は少ない。	質疑応答の話題	職種別採用のため、具体的な仕事内容、また所属部署の役割などに関連した視点からの質疑応答が面接の中心になる。
会社説明会や集団面接などで、ほかの応募者と出会える。どんなライバルが何名くらいいるのか観察することも可能。	ライバルの観察	最初から個別の面談が多い。尋ねない限り、ほかにどんな応募者がいるか、倍率がどのくらいかなどはわかりにくい。

2 専任の面接担当者がいる会社は少ない

■中途採用で面接が重視される理由

企業にとって、中途採用には新卒採用にはない多くのメリットがある。たとえば、教育訓練コストをかけずビジネスマナーや業務スキルをもつ人材を獲得できる、また他社での勤務経験が自社の体質強化や新しい戦略づくりのうえで役立つ……など。

だが、すべての応募者が期待に応えてくれるわけではない。「高い技術力があり、非常に意欲的なので採用。長期プロジェクトを任せたのに、より大きな目標に取り組みたいと1年足らずで退職」「職歴やスキルは申し分ない実力者だったが、社風に合わずトラブルメーカーに」といった話もよくある。

その意味では、中途採用は〝ハイリスク・ハイリターン〟ともいえる。いくら慎重な書類選考をしてもヒューマンスキルは把握しにくく、会社との相性への危惧も残る……というのが企業の本音だろう。そこで、少しでもリスクを軽減して自社に合う人材を選ぶために「面接」が欠かせないというわけだ。

■自分なりのシナリオをもって面接に臨もう

応募者にとっても、面接は書類では伝えにくい自分のよさを評価してもらうチャンスだ。とくに未経験職種に応募する場合は、ヒューマンスキルが採否に結びつく例が多い。もし〝適切な面接〟によって採用されれば、その企業は働きやすいはずである。

とはいえ〝適切な面接〟を行うことは、専任の部署で長く採用人事に携わってきた〝プロの面接担当者〟にとっても容易ではなく、左ページのようなエラーを起こすことがあるという。しかも留意しておきたいのは、応募先がよほどの大手企業でない限り、そうした専任の面接担当者などいないという点だ。

これから転職面接を受ける人は、そんな実情をふまえておくことも大切だ。応募者の側が面接担当者のエラーを回避するのはむずかしいが、面接は双方のコミュニケーション。よく起こりがちなエラーを知っておくだけでも少しは違うはずだ。受け身でいてはいけない。

その面接で自分が伝えるべきことは何か、確認すべきことは何かを事前にまとめ、質疑応答のキャッチボールの中で〝適切な面接〟となるよう自分なりのシナリオをもって臨みたい。

面接担当者が犯しやすいエラーと応募者側の対処

よくある面接担当者のエラー		対処のポイント
イメージ評価	「一般化」とも呼ばれるエラー。有名校出身だから優秀だと決めつけたり、不精ヒゲはルーズな証拠だと思い込むなど、よく言われているイメージに引っ張られてしまう。「声が大きいから積極的で営業向きだ」「笑顔でハキハキ話すので接客向きだ」といった、ステレオタイプの評価をする面接担当者も多い。	第一印象や見た目のイメージをあなどってはいけない。志望する職種にマッチするのはどんなイメージなのか……服装や立ち居振る舞い、声の出し方にも気を配って自分を演出することも大切（第2章参照）。
拡大評価	「ハロー効果」とも呼ばれる。応募者の特徴のひとつにすぎない要素から全体像をイメージしていまうエラー。ある質問への回答が遅いことで仕事をこなす速度まで緩慢な人だろうと感じたり、業務提案で社長賞を受賞した話を聞いて、本来は不明なリーダーシップや協調性まで優れていると評価してしまう例なども。	面接の最初のほうで自分の“売り”をエピソードとからめて話すなどプラスのインパクトを与えるのもテクニック。 基本マナーのほか、質疑応答では減点評価となる応答フレーズを使わないように注意（第3章以降のモデルトーク参照）。
対比評価	客観的な基準でなく、直前の応募者の印象や自分の感覚と比較してしまうエラー。元気な応答をしていた応募者の次に慎重な応答を聞くと「覇気に乏しい」と判断したり、きっぱりした発言に「自分ならそこまで断定しない」と感じると「短絡思考や独断的な資質がある」といった評価をしてしまうことも。	受け答えのキャッチボールを心がける。一方的な自己アピールはNG。面接担当者の発言によく耳を傾けて聞き上手になるように心がける。質問の狙いや会話のムードを読み取って対応していくことが大切（第3章以降のモデルトーク参照）。
平均&極端評価	自分の判断に自信がもてず、よほど強烈な印象がない限りはどんな応募者にも、「普通」という無難な判定を下してしまうエラー。あるいは少しでも「よい」と感じると最上位の評価判定をしたり、逆に気になる点があると些細なことでも「問題あり」という判定をしてしまうことがある。	あらかじめ自分の“売り”のポイントを絞って簡潔に伝えられるようにしておく。また問題になりそうなハンディも洗い出しておいてカバートークを心がける。ダラダラ言い訳じみた長話はNG。まず結論を述べ、その後に説明を加えるとよい。

3 不可欠な会社情報の収集

■求人広告のわずかな情報で会社を選ぶのは危険

応募先企業の情報量の少なさも、転職活動が学生時代の就職活動と違う点のひとつ。たいていの転職希望者は求人広告を頼りに応募先を決める。だが、その情報はあまりにもわずか。しかもカタカナの職種名や多様な雇用形態、給与のしくみなど特有の用語や省略表現もあって、応募者には理解しにくい内容も少なくない。採用されたものの「こんなはずではなかったのに」といった事態が起こる理由は、そんなところにもあるはずだ。

求人広告への応募はスピード勝負。いち早い反応が必要なのでジックリと企業研究をする時間をとりにくいが、応募の後でもまだ間に合う。面接の前までに、志望業界や志望職種、そして応募先企業のことを自分なりにできる限り調べたい。これは後悔しない会社選びに役立つだけではない。たとえば応募先の主要顧客が前職場と同じ業種なので営業のコツがわかるなど、効果的なアピール材料が見つかったり、情報収集の実績が入社意欲として評価されるなど、まさに一石二鳥だ。

■面接は最高の情報収集の場でもある

応募職種の仕事内容などは、直接、電話で問い合わせてもいいが、事業内容や規模・役員構成・業界での評判といった企業情報は別の方法で調べるほうがベター。よくある情報収集法は左ページの通り。集めた情報は、転職活動ノートを作って応募先ごとに見やすく整理しておけば面接直前に見直したり、ほかの応募先企業との比較検討にも役立つ。

そのほかに、必ずしておきたいのが応募先企業の求人広告を再度、詳細にチェックすることだ。記述内容を憶測で判断してはいけない。少しでも疑問を感じた点を洗い出してみよう。

用語や略語についての疑問点は求人情報誌の中にある「求人広告の見方」といったページで解消できることもあるが、調べても不明な疑問や尋ねないとわからないと思うことはメモ。面接で確認できるように準備しておこう。面接は、そうした情報収集の場でもあるからだ。なお、聞きにくい質問をする方法やその際の注意点については、モデルトークも含めて第8章にくわしく記した。

業界・企業の事前研究５つのテクニック

1 書籍・業界紙・資料で調べる

方 法

最新の業界研究本・会社研究本は書店で購入できる。業界雑誌や業界新聞のバックナンバーを見るなら図書館がおすすめ。ほか「証券広報センター・証券情報室」「東京商工会議所・経済資料センター」なら、業界年鑑、各種の調査資料などの閲覧や調査機関のデータベースの検索利用（有料）も可能。

ポイント

業界全体の動向をつかむには手っ取り早い。大手企業なら社内報まで閲覧できるケースがあるが、中小の企業情報は入手困難。

2 インターネットで調べる

方 法

ＵＲＬが不明でも「Ｙahoo!」などを使って社名で検索すると企業のホームページを探せる。会社概要や業績の推移をはじめ、主力商品やその特色、支店網などのほか採用情報コーナーで在職者の声が紹介されている例も。また店舗など業種・業界によっては利用者や消費者のサイトで評判がわかることもある。

ポイント

最近は小さい会社でもホームページがある。社名検索でヒットしなければ、ブランド名や店名で検索を。

3 法務局で調べる

方 法

調べたい企業の所在地を管轄する法務局に出向き、登記簿を閲覧したり謄本の交付（有料）を受ける。商号や本店住所、設立年月日、会社の事業内容、資本金、役員の人員構成や更新などを確認。求人広告の記載や面接で聞いた企業の姿とズレがないかを見ることで、大きな危険は回避できる。

ポイント

まったく資料のない小規模企業を調べる補助手段。ペーパーカンパニーだったり、怪しげな会社でないかをチェック。

4 人脈で調べる

方 法

転職サイトの談話室などで相談するのもいいが、知人・友人・卒業した学校の進路指導部などに頼み、志望業界で働く先輩を紹介してもらえば信頼できる話が聞ける。ある程度の業界経験がある先輩なら、業界動向や中途採用の状況、留意点、場合によっては志望企業の評判もわかる。

ポイント

話を聞く先輩によって情報の内容や深さ、見方に差がある。できれば複数の人に聞いたり、自分なりの研究も。

5 自分の目と耳で調べる

方 法

出・退社の時間帯に職場周辺に出向き、従業員の実際の出・退社時刻などを見る。ときには終業時刻を過ぎても誰も出てこない職場も……。また服装、表情や様子なども観察。一方、店舗ならお客として出向き、店内雰囲気や従業員数、接客の仕方、先輩・後輩のやりとりなど人間関係の様子を観察。

ポイント

上場企業から個人経営の店舗まで、企業規模を問わず生の情報から職場ムードもつかめる。不審者と思われないように注意。

4 筆記・実技試験のある会社も多い

■面接では何らかのテストがあるのも普通

ときおり転職活動をはじめたばかりの応募者から聞くのは「面接に行ったら試験があって焦った」という声。実際、かなりの割合の求人企業が面接の際に何らかのテストを行っている。

社会人になってペーパーテストから縁遠くなっているうえ、満足な筆記用具さえ準備していなかったことでパニック状態に陥った……という応募者の話もある。これは「会社説明会」などの場合も同じ。説明を聞くだけなのだろうと考えていると、実質的な1次面接やテストが行われることも多い。安易な思い込みは禁物だ。

テストの有無については、問い合わせれば教えてくれる会社もあるが、くわしい内容は公開されないのが普通。いずれにしても「事前案内がなくても、テストはある」と心構えだけはしておきたい。

採用時のテストは、大きく見れば筆記と実技だが具体的な内容はさまざま。転職者用SPI-2-Gや職業適性検査など専門業者によるテストを利用する例のほか、多くの求人企業がオリジナルなテストを実施している。参考までに、その例を次ページ以降の(1)～(4)にまとめてみた。

■実技テストではふだんの実力を発揮したい

適性や一般常識を問う筆記テストは、入学試験とは違って、上位得点者から順に合格……というわけではない。応募者が多いケースには絞り込みの理由にされることがあるものの、通常は面接を補完する選考材料のひとつとして参考にされる程度。

よほど悪い点数をとってマークされない限り、テストの成績だけが原因で落とされるケースは少ない。それでも心配な人は、事前にSPIなどの攻略本で勉強したり、新聞をよく読んで最近のニュースの用語の意味や主要国の首長の名前などを覚えておくとよいだろう。

一方、実技テストは選考に強い影響力をもつが、これも採用後の仕事に関係した基礎レベルの出題が主流。軽く考えるのは危険だが、条件に合うレベルの応募者なら十分クリアできるはずだ。ふだんの自分の実力に自信をもって、落ち着いて取り組むことをおすすめしたい。

採用テストの例（１）筆記テスト

一般教養・常識テスト	職種を問わずによく見られる。漢字の読み書き、簡単な計算、地理や時事問題、英語、ビジネスマナーなどの基礎知識を問うペーパーテスト。難易度や出題傾向は応募先企業によって違うが、「定形郵便物の速達料金は？」など社会人なら自然に身につく問題が中心。SPI2-Gのように問題数が多い場合は、時間内での処理能力も問われるので、簡単なところから手をつけるのもコツ。
作文テスト	企画系、制作系の職種を対象によく行われる。「入社後にしたいこと」「自分が作りたい商品」など、与えられたテーマで４００～６００字程度の作文を時間内に執筆。漢字知識や誤字脱字の有無など注意力、文章構成力のほか、物事の考え方や論理性、熱意や興味の方向性などが見られる。応募書類として提出を求める企業も多いので、あらかじめ考えて準備しておくとベター。
専門知識テスト	技術職をはじめ、経理や貿易事務といった専門事務職でもよく行われるペーパーテスト。知識レベルを見るための択一回答式の出題もあるが、業界用語や技術用語については「ＢＬとは何か？」「異分野の顧客に“半導体”について解説せよ」など記述式の問題も目立つ。知識のほか表現力もポイントになるので、キャリアのある応募者の場合も入門書などを見直しておくと安心。

採用テストの例（2）パソコン操作実技

入力速度テスト	事務系職種全般でよく行われる実技テスト。たとえば応募先企業のパソコンを使用して、課題として与えられた伝票や文書の入力を時間内で終了、あるいは終了までの時間をカウントされるなど。そのほか会社によっては入力スピードをチェックする専用ソフトを使う例もある。ふだん使い慣れないキーボードなので、ブラインドタッチＯＫの応募者もミスなく打つよう注意したい。
文書作成テスト	事務系職種でよく行われる。たとえば手書きのメモなど出題文書を、応募先のパソコンを使用して時間内で商用文書に仕上げる。 所要時間は30分ほどが普通。出題文書に誤字脱字など、明らかな間違いが隠されていたり「クライアントへの詫び状」などテーマだけが与えられるケースもある。書式やレイアウト、書体にも配慮して適切で読みやすい文書にできれば事務処理能力の証明に。
ソフト活用テスト	事務職のほか、企画・マーケティング職などでも行われる。たとえば与えられたデータ数値や目的に応じて、応募先のパソコンのソフト（ワードやエクセル、パワーポイントなど）を使って時間内で整理したり見やすく表現する。昇降順などの並べ換えや図表・グラフ表現などパソコン操作スキルだけでなく、数値に対する考え方や目的に応じたレイアウトなどもポイントに。

採用テストの例（3）ロールプレイング

模擬接客テスト	販売・営業職やサービス職、秘書・受付などで行われる。たとえば事前に資料を与えられ、その内容に応じてお客さまの質問にどう答えるか……など。実際の店舗や接客カウンターなどで行われることも多い。いかに気持ちのよい接客ができるかといったスキルや適性のほかに、応募職種によっては販売、あるいは契約締結など業務目的の理解度がチェックされることも。
電話応対テスト	職種を問わずによく行われる。外出中の上司にかかってきた電話にどう応対するか……といった簡単な設定が多い。だが、それだけに「不在を告げる」だけの応募者から「帰社予定時刻を告げ、簡単な用件と折り返し電話のための番号も聞いてメモする」応募者まで……レベル格差が出やすい。基本のビジネスマナーやコミュニケーション力を評価する材料として重視される例も多いので注意。
クレーム対応テスト	模擬接客や電話応対のテストの変形パターン。お客さまや取引先からのクレームにどう応対するか……というもの。事前に「謝罪してはいけない」など注意事項が与えられるケースもあるが、ないときもクレームの原因究明や上司への報告の前に謝罪するのはＮＧ。接客マナーやビジネス常識、業界慣例などを踏まえ、慎重で臨機応変な応対ができる応募者なら高い評価を獲得できる。

採用テストの例（4）業務実技

翻訳テスト

専門職のほか、語学スキルが条件の職場で行われる。必要な語学力を判定する方法として手っ取り早く実際の業務から出題されるケースが多く、職種に応じてレベルはさまざま。英文メールの読解など簡単なものから決められた時間内で技術文書の一部を翻訳する例なども。異分野の業界に応募する場合は、あらかじめ専門用語などを調べておくのも対策のひとつになる。

パターンメイク実技

パタンナー志望者の技術力判定のために行われる。文字通り制限時間内でパターンを起こすが、ラペルやポケット部の処理、ステッチの指示などがポイント。絵型のほかに素材・付属品・縫製上の条件などが与えられたり、自分なりに適切なものを考えてサンプル縫製指示書を作成するケースなどさまざま。アパレル業界企業のほとんどが専門職採用に際して実技テストを実施している。

プログラミング実技

プログラマーやＳＥ志望者に行われる。たとえば名前・年齢・性別のデータをソートするなどの簡単な出題だが、単にプログラムを組むだけでなく、メンテナンスを考慮した見やすさや処理速度などの性能をどう高めるかの工夫が評価対象。構造体を設けてエリアを確保したりポインタ使用によりデータの追加を考慮したりソーティングの時間短縮を図るなど、論理性やセンスの発揮が大切。

第2章

面接の基本マナーと常識

本番前に落とされる応募者もいる

中途採用では社会人としての常識やマナーも評価対象……。しかも身だしなみやあいさつ、言葉づかい、立ち居振る舞いは予想以上に強いインパクトがあり、その後の面接に大きな影響を与えてしまう。そこでつまずくと自己ＰＲをしても挽回がむずかしくなったり、ときには質疑応答の前に結論が出てしまうことさえある。

●探る視線・泳ぐ視線

意外と多いのが社内の様子を探るようにキョロキョロしている応募者。見学したいなら面接でその旨を申し出るべき。また質疑応答がはじまっても、視線が空中を泳ぐように定まらない応募者は総じてマイナス評価となる。面接担当者としっかり向き合って真剣に話し合う姿勢が面接の基本。要所要所では目線を合わせて受け答えを！

●腕時計をチラチラ

一般の話し合いのときでも、腕時計をチラチラ見るのは相手に「早く話を終わらせてくれ」という無言のメッセージ。「次の面接の約束があるのか」と疑いをもたれるだけでなく、面接担当者によっては「もう入社したくない」と告げられていると判断するはず。面接で時間を気にする必要がないように、余裕をもったスケジュールを組むべき。

●スカートの裾を引っ張る

役員室の応接セットなどで起きる女性応募者に特有の動作。低めのソファでスカートがずり上がるのが気になって、話をしながら裾を引っ張りつづける応募者もいる。人の視線は手が行く場所に動くので、裾を引っ張れば余計に目立つことに……。服選びの失敗を自覚しつつ、さり気なく膝の上にハンカチやノートなどを広げるなど落ち着いて対処。

●何度も繰り返される手遊び

膝や太ももをなでたり手をもむ、話の継目に必ず髪をかきあげる……など、無意識に繰り返される動作は予想以上に目ざわりなもの。とくに話しながら服やネクタイの端、ボタンなどを触りつづけたり、ハンカチの端を丸めるといった“手遊び”は幼児性も感じさせてしまいがち。自己アピールした立派なキャリアの印象が崩れないように注意！

「知らない」「気づかない」のが一番

自分は話し下手だし、敬語も苦手だ……。
そんな自覚のある人なら、十分な注意もできるはず。
コワイのは本人が気づいていない無意識の動作、
そして知らないうちに犯してしまうマナー違反だ。

避けたい7つのNGアクション

●オーバーアクション

ベテランの面接担当者が警戒するのが身振り手振りをまじえた話し方。強いインパクトがあるため、良くも悪くも判断を鈍らせるのだという。確かに上手に使えば活発で行動的な印象を与える。だが、度がすぎると逆に落ち着きのなさや軽薄なイメージが際立ってマイナス評価につながる……。日頃から身振り手振りの大きい人は危険を考慮して自粛を！

●相手を指さす

営業系の職種によく見られるアクション。身についた話術のテクニックなのか、話に熱が入ってくると相手を指さす人がいる。ときには「そうです、そうです」など相づちを打つ代わりに発言者をさすことも……。さされた面接担当者は決してよい印象を受けない。思い当る人は、非常に無礼な動作であることを改めて認識して！

●重役座り・モデル座り

面接会場で脚を組む人はいないはず。だが、男性で見かけるのが腰深にかけて腕を肘かけに乗せる"重役座り"。本人としては自然でも横柄な印象。また女性がよくするのが足先を極端に斜めに流す"モデル座り"。キレイに見えても場違いな印象を与えがちだ。どんな椅子でも背もたれのない丸椅子のつもりで多少浅目に背筋を伸ばして座るのが正解。

1 電話での面接アポから選考がスタート

■電話応対が採否の判断基準にされる

求人広告を見て〝応募連絡〟をする場合も、郵送した応募書類が選考をパスして志望先からの〝面接連絡〟を受ける場合も、電話応対は採用担当者とのファーストコンタクトになる。多くの求人企業がそのやりとりを採用選考の評価材料にしていることも知っておこう。

「電話で1分間ほど話せば意欲のある人はわかります。まず、声に力がありますから」とは、ある面接担当者の言葉。確かに、背筋を伸ばすと自然にハキハキした話し方になる。見えなくても姿勢は声に表れるというわけ。心持ち大きめの声で、ていねいに発音するとより効果が上がる。なお、基本の敬語を使い慣れていることも社会人キャリアの証明になる。必要なら46ページのコラムを参考にして、よく使う敬語をマスターしておきたい。

■基礎力が試されるだけに最低限の準備を

応募者側からかける場合は、自宅の設置電話からがベストだが、携帯電話・PHSなら電波の状況を確認。いずれも周囲が静かなところでかける。テレビ音声や笑い声のBGMは不評を買いがちだ。

また、かける時間帯も大切。応募先が外食産業なのにランチの時間帯にかけるなど、志望業界の特色や仕事の流れを理解していない応募電話は「この仕事を志望する資格なし」と判断される。一般的には始業からの1時間、昼休み前後、終業前1時間は忙しい時間帯なので避けたほうが無難だろう。

一方、志望先からの連絡を待つ場合、必要なのは環境づくり。あらかじめ家族にも連絡があることを知らせて失礼な応答のないように頼んでおく。とくに幼児や耳の遠い高齢者がいるケースでは要注意だ。

もともと電話応対はビジネスの基本。姿が見えない分、余計にイメージがふくらむと考えておいたほうがよい。ましてや、面接アポのやりとりは採用担当者と行う実際の「調整・交渉」の場でもある。社会人としての基礎力がわかると言っても過言ではなく、「特別にいい印象を受けた応募者だけでなく失礼な応対や要領をえない応募者もマークする」といった話は珍しくない。左ページを参考にして事前の準備や心構えをしておくことが大切だ。

面接予約電話のかけ方

●事前に準備●

□ 応募先の基本情報

社名、会社所在地（面接会場と同じケースが多い）、電話番号、応募条件などがわかる求人広告の切り抜きなど。志望先から連絡を受ける場合も、求人広告のコピーを電話機のそばに置いておくとよい。

□ 応募書類の控えや転職活動ノート

手元に履歴書・職務経歴書の下書き、あるいは転職活動の要点をまとめたノートを用意しておくと、応募電話での担当者の質問にもスムーズに応答できる。30秒くらいで話せる自己ＰＲの原稿を作っておくのもベター。

□ カレンダーやスケジュール帳

面接日時の約束をすることはわかっているのだから、必須のグッズ。「15日って何曜日でしたっけ？」などピントの外れた応答はＮＧだ。ほかの会社の面接など、都合の悪い日時はあらかじめマークしておくこと。

□ 筆記用具

面接日時など電話で聞いたことは間違えないようにメモ。また志望先から尋ねられたことは選考の重要事項である可能性が高く、面接でも話題にのぼることがあるのでチェックしておくとよい。

●応答の流れ●

電話をかける

「こんにちは、私は毎朝新聞で御社の求人広告を拝見した鈴木太郎と申します。応募の電話なのですが、採用のご担当者さまをお願いします」

※かける時間帯や周囲の状況にも注意。必ず自分の名前を名乗ること。

※不在の場合は「改めてかけ直しますが、何時ごろおかけすればよろしいでしょうか？」などと尋ねておくと効率的。

▼

応募の意思を示す

「御社の求人広告にある、経歴や資格など応募条件はクリアしています。ぜひ選考の対象として面接をお願いしたくご連絡しました」

※担当者が出たら、まず名乗ってあいさつ。次いで上記のように応募の意思を示す。

※応募電話では、簡単な職歴や志望動機、所持資格などの質問もされるので心構えを。

▼

面接日時の打ち合せ

「恐縮ですが、その日はちょうど前職場で用事があり午後３時にうかがえません。できれば午前中、もしくは翌日など別の日の午後３時にしていただけないでしょうか？」

※指定された日時の都合が悪い場合は、上記のように簡単な事情を述べるのも礼儀。

※また、ただ「都合が悪い」ではなく、都合のよい別の日時をいくつか提案すること。

▼

日時・場所の確認

「では来週月曜日、○月×日の15時におうかがいします。訪ねる場所は、求人広告にある○×町○丁目の御社・受付でよろしいですか？」

※日時と時間は必ず復唱。24時表現や曜日などを加えて復唱すると誤解の防止になる。

※面接会場の確認も忘れずに。会社所在地を事前に地図で調べ、わかりにくい場合は最寄り駅や目印などを聞くのもＯＫ。

▼

最後のあいさつ

「失礼ですが、あなた様のお名前をうかがえますか？………○○様ですね。いろいろありがとうございました。当日もよろしくお願いいたします」

※対応してくれた担当者の名前も確認。面接日時調整のお礼も忘れないこと。

※最後のお礼の後、「失礼します」などと言って静かに受話器を置く。

2 〝見た目〟は中身の印象も左右する

■危険水域に足を踏み入れないようにしたい

新卒者の就職面接では、〝リクルートスーツ〟と呼ばれる型通りの服装が定着。だが、転職面接の場合はファッションにも応募者ごとの個性があって当然とされている。その分、見た目の印象の影響が大きいので、応募者も悩むことに……。

よく聞くのは「弊社ブランドを上手に着こなしている応募者には、やはり好印象を抱きます」といったアパレル関連企業の声や、「Tシャツやジーンズなどラフすぎるのは論外ですが、スーツにはこだわりません」といった声など。真面目に面接に臨むにふさわしいと思う格好、改まったビジネスの場にふさわしいと思う格好なら柔軟に考えてOKだ。

ただし、そこにも落し穴があることは心に留めておきたい。たとえば、ある男性応募者は制作職の経験者募集の面接に、顧客先との会議に愛用していた紺ブレザーとグレーのウールズボン、白のポロシャツを着用。自分ではきちんとした服装だと思っていたが、年配の担当者に「ネクタイはしないのか」と非難めいた質問を受け面接ムードが悪化したという。

面接ファッションの〝常識〟の許容範囲は業界や職種だけでなく、志望先企業や面接担当者によっても違う。中には保守的な考え方も少なからずあるのが実情なのだ。失敗を防ぐには、左ページを参考に〝場合によってNG〟となる危険水域に足を踏み入れないようにすることが大切だ。

■周囲の意見を聞いて面接用の自分を演出

真剣な応募者なら、見るからに不潔でだらしのない格好で面接に出向く人はいないはず。だが、意外と多いのが自分なりの好みやこだわりがマイナス評価につながるケースだ。

おでこを出したくない、靴下は木綿の白に限る、モミアゲは耳の下までほしい、眉は細くしたい、口紅はキライ、スカートはロングでないと……といった本人の主張は、本来は否定されるべきものではないが「面接は別」と考えて割り切ることも必要だ。清潔・健康的・理知的・誠実・活発……というのが好印象を与える見た目のキーワード。面接の数時間、ふだんの好みやこだわりを捨てて、周囲の意見を参考に面接用の自分を演出することをおすすめしたい。

面接時のファッションと持ち物

●髪　形
伸びたパーマやカット、寝癖、フケなどは論外。目にかかる前髪は左右に分ける、ロングヘアは結ぶ、いわゆる“茶髪”や“金髪”など不自然なカラーリングは染め直すなど、第三者が見て誠実でキビキビした仕事態度をイメージできるようなスタイルに。

●顔（女性）
若々しく健康的なナチュラルメイクが基本。ファンデーションやアイライン、シャドー、口紅の色も濃すぎるものは避けたい。また逆に素顔に自信があってもノーメイクはＮＧ。薄く化粧をすることをおすすめ。

●装飾品
女性の場合、ピアスやイヤリング、ネックレス、ブローチなどをつけるなら１点のみで控えめな印象のものに限る。また男性はピアスも外すのが基本。メガネをかけている人はレンズをきれいに磨いておくこと。

●服　装（女性）
編みタイツやラメ入り素材はＮＧ。スーツでなくてもいいが、シンプルで明るく知的な印象を第一に選ぶのがコツ。もっさりと鈍重なイメージを与えないように注意。とくにスカート丈は、長すぎても短すぎてもマイナス印象になることを忘れずに。

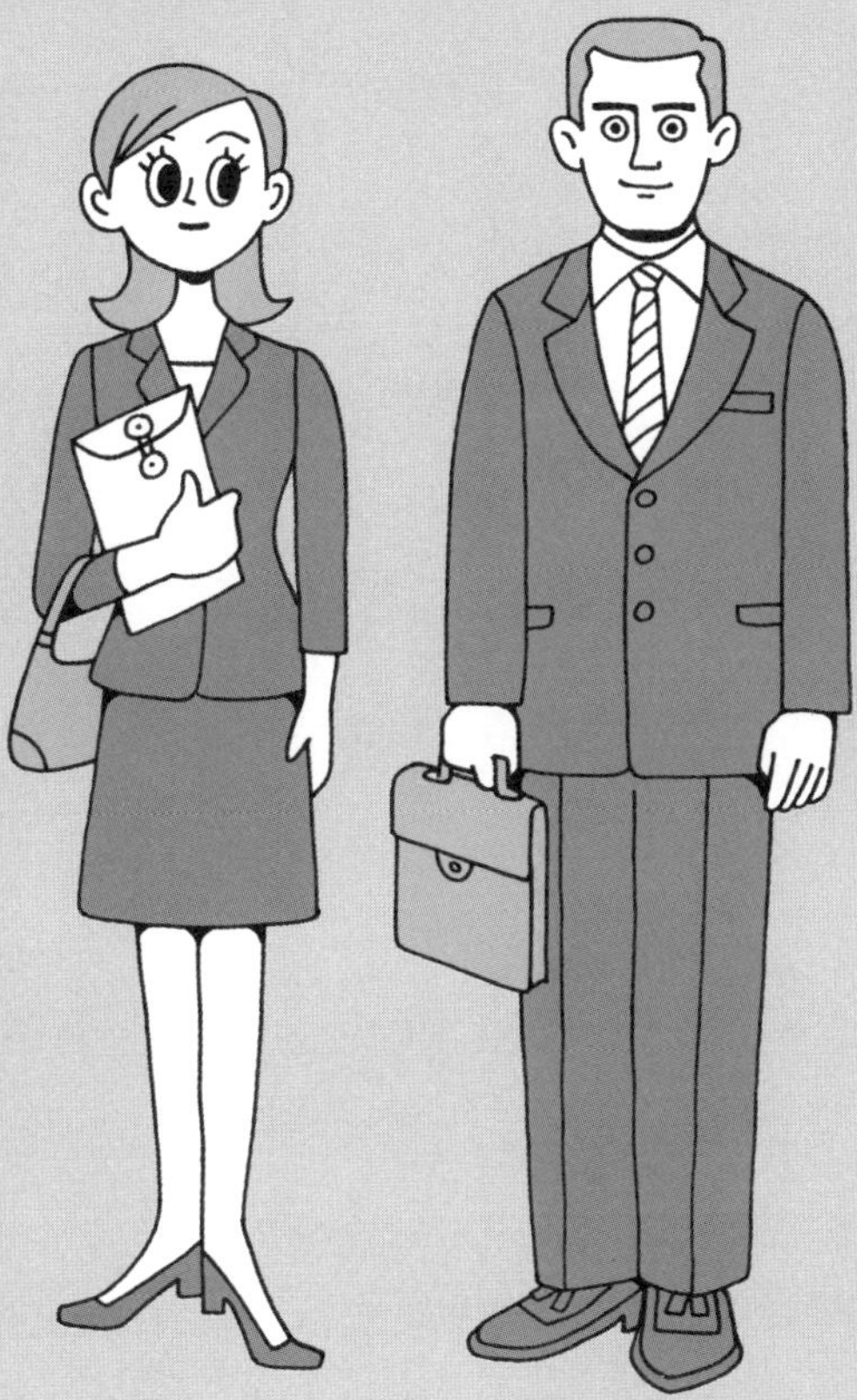

●顔（男性）
きちんと手入れされたヒゲも志望先次第でＮＧ。また不精ヒゲは不潔でくたびれた印象を与えるだけ。夕方に面接がある場合は事前に洗顔して油浮きを除いたり、ヒゲが濃い人なら剃るなどの気配りも必要だ。

●服　装（男性）
紺かグレーのビジネススーツに無地の白ワイシャツが基本。日頃愛用しているもので十分だが、シワ·シミのないよう事前にクリーニングを。派手なネクタイ、白の靴下は避ける。スーツ以外の場合もそれに準じた服装でネクタイ着用を心がけたい。

●カバン・バッグ
手ぶらでなく、必要最低限のものが入るシンプルなバッグや書類ケースをもつのが基本。旅行用カバンやリュック、買物帰りをイメージさせる大荷物はＮＧ。不要な荷物はコインロッカーに預けるなど工夫を。

●靴
シンプルなデザインで茶や黒などビジネスシーンに合うものを選ぶ。すり減ったカカトはだらしない印象を与えるので要注意。また女性の場合、ピンヒールの靴やミュールは一般に評判がよくないので避けるべき。

●手　元
面接では、意外と手元に目がいくもの。伸びた爪や汚れた爪はもちろん、女性の場合は、はげかけたマニキュア、奇抜なネイルアートもマイナス印象を与える。また腕時計も目立つ。ダイバーズウォッチなど遊び感覚のものは避けたほうが無難。

面接当日の持ち物

- □応募書類
- □転職活動ノート
- □地図・連絡先
- □筆記用具
- □携帯電話
- □印鑑
- □その他
  （ハンカチ、ティッシュ、折り畳み傘など）

3 知ってるようで知らない基本マナーと動作

■キャリアのある応募者ほど注意が必要

新卒採用とは違って、入社後のトレーニングを行わなくても社会人としての基本マナーを習得している人材を獲得できるのが中途採用のメリットであることはすでに述べた。

それだけに転職面接では、一般常識やビジネスマナーが厳しく見られる。しかも、できて当然。気になることがあればチェックされ、減点評価になるのが普通。しかも総合評価とはならず、マナーに自信のある人が些細なことで不採用になることもある。

とくにキャリアのある人の場合は、期待値が高いせいか点数も辛くなりがち。そのうえ志望先企業の受付で応対する従業員、また面接担当者も年下であるようなケースもあって、ついつい気がゆるむ傾向があるので十分な注意が必要だろう。

たとえば受付のない小さな会社なら、応募者が自分から声をかけ、出てきた従業員に用件と名前を告げる。そのとき応対した従業員に応募者がきちんと名を名乗ってあいさつをしたか、どんな印象を受けたかなどを聞いて選考の参考にする…という会社も。

また、「ある応募者は面接での礼儀は満点でしたが、案内をした女子社員に残業は多いかなどと尋ねていたことがわかり、採用を思いとどまりました」というエピソードを披露してくれた面接担当者もいる。

■あらかじめ基本を押さえておくことも大切

志望先企業または面接会場の建物に入れば、もう応募者は注目され、チェックされている。面接もビジネスの延長だとする考え方もあるが、いくら取引先との交渉に慣れていても、採用面接を受けることに慣れている人は少ない。「椅子の座り方ひとつで好感度が変わってくる」といった話を聞けば緊張せざるをえないが、それは言い訳にならない。

そこでマスターしておきたいのが、知っているようで知らない面接会場での基本マナーや基本動作だ。32～33ページを参考に、あらかじめ立ち居振る舞いのポイントを押さえておくことをおすすめしたい。キャリアに応じた落ち着いた態度は、好感を抱いてもらうための第一歩でもある。

また応募者が、よく迷ったり誤解しやすい〝面接の常識〟について左ページにまとめた。

あなたの「常識」は「非常識」ではないか？

●会場には早めに行くのが当然、では何分前が常識の範囲？

面接会場には早めに行くのが当然。遅刻は絶対に避けたいが、ときおり熱意の表れか相手が驚くほど早く訪問する応募者が……。しかし約束の時刻は、お互いの都合を考えて決めたはず。30分以上も前に着き「待たせていただきます」などというのは時間の観念がない証拠で相手には迷惑なだけ。一般的には５～10分前に受付を訪れるのが常識というもの。

●控え室でのおしゃべりはＮＧ。では待ち時間の読書はＯＫか？

控え室で待たされるときも試されている。化粧直しをはじめたり、居眠りなどするのは論外。ほかの応募者との会話や喫煙はもちろん、読書も避けるのが常識だ。読むなら応募先の会社案内や社内報、自分のノート程度。週刊誌や小説を読んで“時間つぶし”をする姿勢は非常識なのだ。緊張感をもちながらも落ち着いた態度をアピールするつもりで臨もう。

●友達感覚の受け答えは減点対象。では緊張の姿勢を崩さなければＯＫ？

面接担当者のフランクな態度に油断し「うん、そうそう」などと友達感覚の受け答えをするのは非常識。致命的な減点になる。だが、応募者をリラックスさせようとジョークや軽い質問を投げかける面接担当者に、笑顔ひとつ見せず杓子定規な応答で終始するのもマナー違反。面接は“口頭試問”ではなく、コミュニケーションの場であることを肝に銘じておきたい。

●むきだしの履歴書を出すのは非常識。では封筒に入れて渡せばいいのか？

履歴書をむきだしで手渡すなどは、当然ＮＧ。だが封筒に入れればＯＫと思うのも間違いだ。正しくは、封筒に入れたうえでバッグなどに収めて持参し、取り出して両手で手渡すところまでが含まれる。応募書類は自分の分身で、志望先企業にもていねいに扱ってもらうことが大切。上着のポケットから裸で無造作に取り出されたモノは、それなりの価値と思われる。

●小さなバッグは膝の上に置くのが常識。では、大きめのカバンはどこに置く？

ブティックの手提げ袋などを面接会場にもち込めば、「買物ついでの面接か」と不評を買う。余分な荷物はもたないのが常識で、バッグは膝の上か腰と背もたれの間が定位置。作品ファイルを入れたカバンなど、その場所に置けない大きさのものは足元の床に。もともとカバンを応接ソファやテーブルの上に乗せるのはマナー違反であることも覚えておこう。

5 あいさつ

立ったまま背筋を伸ばして腰から30〜45度の角度でお辞儀。「○野×子です。今日はお忙しいところ面接のお時間をとっていただきありがとうございます。よろしくお願いします」とお礼の言葉を添えてあいさつをするとグッド。提出書類があれば「履歴書と職務経歴書をもってまいりました」などと述べ、両手を添えて手渡す。

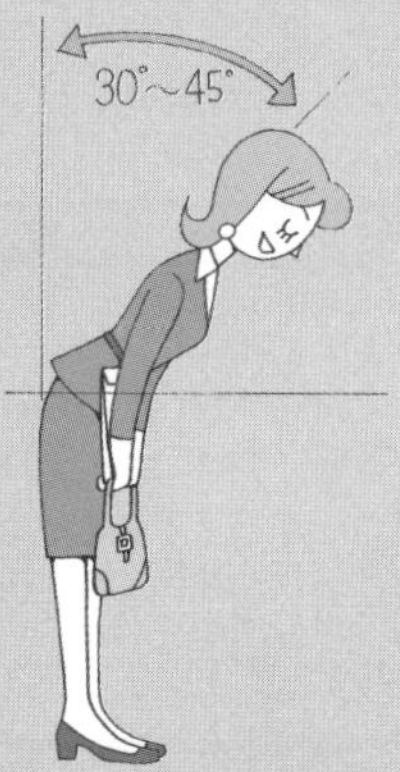

7 面接中

話すとき聞くときの視線は相手の顔に向けるのが基本。ジーッと見つめる必要はないが、面接担当者の話を真剣に聞けば視線は自然と顔へ行くもの。猫背になったりうつむいていると上眼づかいになってしまうので注意。背筋をピンと伸ばすと見た目もきれいで印象がよい。

6 着　席

面接担当者から「どうぞ」「おかけください」と言われる前に座るのはNG。もし複数の椅子があり「こちらにどうぞ」などと指し示されたら、その場所に座る。背もたれとの間に多少の隙間ができるように浅めに腰かけるとよい。また大きいバッグは椅子の横に立てかけたり足元の床に置くのが正解。

8 面接終了

慌てる必要はない。椅子をガタガタさせないように落ち着いて立ち上がり、椅子の横に出てから「本日はありがとうございました。よろしくお願いします」と深めに一礼。カラダを完全に起こしてから退出口に向かう。

9 退　出

退出口のところで室内に向き直り、「失礼します」と担当者に会釈をして退出。ドアがある場合は、開けて出てから向き直ってドアを閉める。後ろ姿のままドアを閉めたり、バタンと音をさせないように注意。

面接の基本動作と注意ポイント

1 到　着

面接会場は前日のうちに地図で確認。約束の10分前には到着できるように余裕をもって出発。現地に着いたら、携帯電話はＯＦＦにすることを忘れずに。またビル玄関などに面接会場の表示があったら直行。時間があっても会場以外のオフィスなどをアチコチ探険しないこと。

2 受　付

受付では「本日○時に面接のお約束をしております○野×子です。採用ご担当の△△さまにお取次ぎをお願いします」と、きちんと名乗る。受付のない会社なら「恐れ入ります」と声をかけ、出てきた応対者に名乗ればよい。

3 控え室

面接会場や控え室まで案内してくれた従業員にも礼儀正しく接する。廊下やエレベーターで出会う人にも目礼、キビキビと控えめに行動。控え室では、喫煙やほかの応募者との声高なオシャベリは避ける。また面接担当者より先に、直接、面接会場である応接室などに通された場合は指示された場所に着席。ソファは浅く腰かけ、姿勢を崩さないように注意。待ち時間も気を抜かないことが大切だ。

4 入　室

名前を呼ばれたら、「ハイ」と返事をして面接スペースに入る。ドアがある場合は、軽く２回ほどノック。中からの返事を待ち、「失礼します」と声をかけて静かに開ける。入室後は必ずドアに向き直って静かに閉める。後ろ手でドアを閉めるのはマナー違反。

また逆に自分が待機していた応接室などに面接担当者が入ってきたら、すぐ立ち上がって迎えること。間違っても、どっかりと座りつづけていてはダメ。

POINTコラム

さぁどうする？　予想外の面接トラブル

急に面接に行けなくなった

当然ながら面接をキャンセルすれば選考対象外。だが、あきらめるのは早い。急病など、やむをえない理由があれば改めて面接日時を設定してくれる会社がなきにしもあらず。事情を話して“ダメモト”で交渉してみる粘りがほしい。重要なのは、行けないことが判明した時点で連絡を入れること。「どうせ不採用だから」と連絡もしないのは、社会人としても失格だ。

面接中に携帯電話が鳴った

もちろん、すぐ切る。再コールの来る前に電源ごと切って「失礼しました」とあやまる。間違っても受信メールの画面を確認したり、電話に出たりしてはいけない。たとえ「今、面接中だから切るよ」などという会話でも、社会人としての常識を疑われてしまう。こんな失敗を犯さないよう、会場に入る前に携帯電話やＰＨＳの電源は必ず切っておくこと。

約束の時刻に遅れそうだ

汗だくで駆け込むのも、５分遅れで行くのも減点評価。遅刻しそうな時点で、すぐ先方に電話を入れるのが鉄則だ。連絡なしで面接担当者を待たせる事態になれば、挽回はむずかしいし、「急げば間に合うかも」というときでも迷わず先方に連絡することで判断力とマナーが得点になることもある。まず約束に遅れることを謝り、何分くらい遅れるかを伝える。

出されたお茶をこぼしてしまった

予想外の事態に動じないことが何よりも大切。実は面接担当者の印象に残るのは、お茶をこぼしたこと自体よりも、その後のリアクションなのだ。「申し訳ありません」と落ち着いて機敏に対処すれば、注意力散漫な慌て者のイメージは抱かれないのが普通だ。なお、コーヒーやお茶を出された際は軽い会釈でお礼を示し、ひと口でも飲むのがマナー。

面接で社名を間違えた

単なる言い間違いならともかく、同時応募した別の会社と混同したようなケースは冷汗もの。ただし、それだけで不採用になることは少ないので「すみません間違えました」と素直に謝るのがベスト。下手に言い訳をするのは逆効果だ。「その会社も受けてるの？」と聞かれたら、「御社と同時に応募を検討しました」などと正直に答えたほうがよい。

第3章

転職面接の質疑応答

受け身一方の応答から脱却しよう

いよいよ質疑応答がスタート。面接担当者が主導権を握って、その質問に答える……というスタイルの影響もあって、多くの応募者が“選ばれる立場”に陥ってしまいがちだ。応答次第で採否が変わるのは確かだが、本来の目的であるサクセス転職のためには、そんな受け身一方の考え方を見直してから臨むことも大切だ。

変わる!

●自分の回答を録音して“クセ”を直す

「○×しまして……」「○×なんですが……」など語尾が完結しない言い回しや「あの〜、それで」「やっぱり」「でも」などの連発はマイナス印象。こうしたクセを直すには、実際の志望動機や自己ＰＲを話す訓練が効果的。自分が話しているところを録音し、時間をおいてチェックする方法を繰り返すとスッキリとした印象の話し方になる。

●基本単語の発声練習で小声を克服

ハキハキと聞き取りやすい声で話すのは好印象を与える必須条件。面接担当者に「エッ?」と聞き返されたら、もう危険信号。小さな声・早口・語尾が消えてしまう話し方に心当たりがある人は、「○山×男です」「はい、そうです」「よろしくお願いします」など基本単語を１０〜２０語選んで発声練習をしておこう。

●鏡の前の練習で表情も変わる

接客が主業務の業界では、笑顔をつくる訓練をする会社もある。笑顔が“得意”な人は、それだけで好印象。唇の両端を引き上げる筋肉を鍛えるとよいが、効果的なのは割り箸を使ったトレーニング。上下の前歯２本で割り箸を軽く噛み、下唇だけを箸につけて下の歯を隠す。そのまま唇を左右に広げて数分間静止する動作を繰り返せばＯＫ。

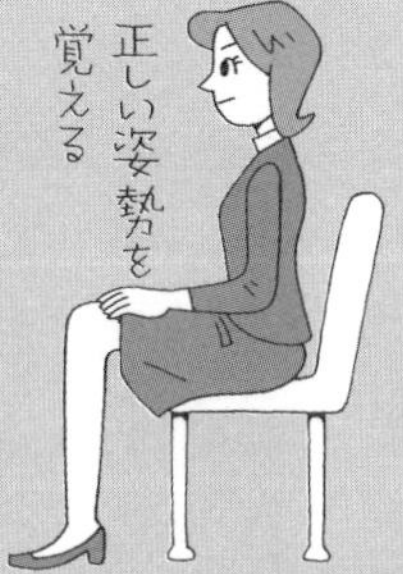

●背筋を伸ばして座る姿勢を体得

姿勢の善し悪しは、その人の印象を左右する。みんな面接開始の当初は注意しているが、応答しているうちにだんだん地が出てくるのが座ったときの姿勢だ。油断すると、徐々に背中が丸まってきてしまう人が多い。転職活動中は、常に背筋を伸ばして座るようにして正しい姿勢をカラダで覚えることを心がけよう。

●基本の敬語を使い慣れておく

使い慣れない言葉は出にくいもの。尊敬語・謙譲語・ていねい語を使い分けたり、重複使用を避けるなど基本の敬語をマスターし、転職活動中は日常的に使うようにしておきたい。とくに「拝見しました」「ご覧ください」「よろしいでしょうか」「ご了解いただけますか」など使用頻度の高いフレーズに慣れておけば、緊張したときもボロが出にくい。

事前のトレーニングで質疑応答が

面接で、緊張したりアガること自体を恐れる必要はない。
むしろモノ慣れた応募者より誠実な印象を与えることすらある。
とは言うものの、緊張するほど普段の力を示しにくい。
出せる力は普段の80%、あるいは50%になる可能性もあるだろう。
そこで必要なのが、質疑応答に自信が生まれるトレーニングだ。

必ず役立つ直前対策＆応答トレーニング

●周囲の協力を得て模擬面接を実施

採用人事の経験者、あるいは年配の役職経験者などに協力を得る。実際の面接を想定し、できれば服装なども本番通りにして、入室から退出まで一連の動作をシミュレーションしておくことで本番でも余裕が生まれる。また、よくある基本質問などの応答練習をしておくとベター。終了後、率直な感想を聞いて問題点を是正しておく。

●提出した（する）履歴書の再読

面接の質問は、履歴書や職務経歴書をベースにして聞かれることが多い。口頭で答えたことが応募書類に書いた内容と違えば、当然ながら不審感を抱かれてアピール効果が半減する恐れもある。とくに応募先によって異なる「会社選びの理由」などは注意。応募先が複数ある場合は、改めて自分の提出した（する）応募書類を再読しておく。

●伝えるべきポイントを整理しておく

基本質問や応募先に確認したい事項などのほか、応募書類を補完して伝えたいセールスポイント、弱点カバーの内容を洗い出して簡潔にまとめる。原稿として書いてもいいが、芝居のセリフのように暗記した言葉は不自然に聞こえがち。むしろ、メモ書きのほうが変形質問の際も応用がきく。メモをもとに実際のトークとして話す練習もしておきたい。

1 嫌われた応募者は採用されない

■応答を通じて嫌われる応募者の典型的タイプ

人間が人間を評価・判定するのが面接。担当者の質問に、こう答えたら採用は間違いなし……と断言できる、絶対的な〝正解〟は存在しない。が、唯一、言えるのは「面接で嫌われた応募者は決して採用されない」という点である。

応募先の会社が求める経験やスキルがあり、どんな質問にもスムーズに応答できる応募者でも、面接担当者に「この人とは同じ職場で一緒に働きたくない」と思われてしまえば、不採用になることは確実だと考えてよい。

応答を通じて嫌われるタイプの典型としては、馴れ馴れしく友達言葉で話す応募者、大手勤務の経験や過去の業績にこだわる応募者、周囲まで暗い気分にさせるマイナス指向の応募者、視線を合わせずに話す応募者、くどい話が長々とつづく応募者など。

■キャリアのある人はとくに緊張感をもつべき

そのほか注意したいのは対人折衝やセールストークに慣れたキャリアのある応募者だ。本人にそのつもりがなくても、気をつけないと妙にモノ慣れた印象、横柄な印象を与えてしまうことがある。

言葉に詰まりながら自分の〝売り〟を伝えようと必死になっている応募者などと対比され、最悪の場合は「誠実さや真剣味に欠けるのでは」という致命的な評価につながる危険もあることを留意して臨むようにしたい。

面接の質疑応答の目的は、単純に言えば雇う側と雇われる側のマッチングの確認にあるが、その内容は応募者のパーソナリティにまでわたる。「雇っていただく」といった卑屈な態度は逆効果だが、転職に賭ける真面目な気持ちや真摯な姿勢を示して、まずは面接担当者に〝相性のよさ〟を感じてもらうことが最優先であると肝に銘じておく必要がある。

左ページは、面接担当者に好印象を抱いてもらう質疑応答のコツ。また同じ内容の答えでも、発声によってイメージが変わることにも注意。「元気な明るい声」がベストだが、軍隊か応援団か……と思うような大声は場違いな印象を与えて不評だ。あくまでビジネスシーンにふさわしい落ち着きをもって、ハキハキ話すことを心がけたい。

質疑応答で好印象を与える５つのコツ

1 相手の話を耳と目で聞く

質問や話を最後まで聞かずに途中で言葉を差し挟んだり、聞きもらして「もう一度、言ってもらえますか？」などはＮＧ。真剣に聞けば、視線も自然と面接担当者に向くはず。耳だけでなく、目でも聞くつもりで臨めば間違いはない。話し上手でなくとも聞き上手なら「コミュニケーション力がある」と評価される。

2 質問には誠実に答えていく

応募者の本音や素顔を探ろうと、面接担当者は直球だけでなく変化球も繰り出してくる。だが、どんな難問・珍問でも目的は採用選考のため。質問の狙いを理解して、冷静に誠実に答えていくことが大切。多少無礼な質問をされても「採用選考に必要なことですか？」など非難口調で切り返すのは考えもの。

3 自分の言葉で話す

どこかで聞いたような型通りのことを話す応募者に、面接担当者は「またか……」とうんざりしている。面接攻略本などを参考にする際は、同じ本をライバルも読んでいると考えて十分に噛み砕き、自分だけの具体的な事柄や体験談を加味していく必要がある。自分の言葉としてナチュラルに聞こえることも大切だ。

4 簡潔な答えにプラスαを加える

しゃべり続けるのはＮＧ。応募書類に詳細に書いた長い職歴も、要約して話せばポイントを絞った次の質問がくる。質問には、まず結論で答えるのもコツだ。ただし「ご兄弟はいますか？」「はい、います」など一問一答式では無愛想な印象。「姉と弟との３人兄弟です」など簡潔なプラスαの説明をするのがコツ。

5 面接担当者に感謝や好感をもつ

対人関係は鏡と似ている。とくに初対面では「嫌な人だ」と思う相手からは好かれない。面接担当者に対して「いい人だなぁ、この人に会えてよかった」と思うことも、実は面接の極意だ。少なくとも多忙な時間を割いてチャンスを与えてくれた人である。最初のあいさつのときにも、その感謝の気持ちを言葉に。

2 応答は3つの角度で評価される

■質問の狙いを知ることが応答のコツ

転職面接は、知識やスキルがあれば合格する〝口頭試問〟とは違う。マニュアルの丸暗記のような型通りの応答をしたり、ただ質問に答えているだけでは競争には勝ち残れない。

たとえば「今日はわざわざ面接にお越しいただいて……」といった面接担当者の言葉。普通は「こちらこそ、よろしくお願いします」と礼儀正しく返せばOK。だが、もし自宅が遠い場合は、それだけではNG。「前職場も、この近くでしたので」などと、通勤にムリのないことをアピールする必要がある。

面接に備えているのは面接担当者も同じ。応募者ごとに確認したい事項があって、それが質問に反映されている。だから、大切なのは何のための質問なのか真意や狙いを察すること。それができれば、予想外の質問でも適切な応答が可能になる。

アガリ性の応募者ならとくに〝ぶっつけ本番〟ではむずかしい……。36ページの直前対策も参考にして、自分の場合の選考ポイントやハンディ、疑問を抱かれそうなことを洗い出したり、面接担当者の評価判定のポイントを知っておくことも自信につながるはずだ。

■転職面接の採点傾向も念頭に置きたい

転職面接の評価判定は大きく3つの角度でチェックされる。まず見られるのは、前章でも述べた〈人物イメージ〉と〈社会人スキル〉。「実務能力面は書類選考の段階で目安がつくので、面接は人物第一で見ます（雑貨卸）」との意見は多い。社風に合うか、職場になじめるか……といった判定が行われる。

2つめが〈業務関連スキル〉や〈意欲レベル〉で、どのくらいの時間やコストをかければ、この応募者が戦力になるか、仕事を覚えた後に期待できる貢献度はどのくらいか……などが判定される。

そして3つめが〈就業適応力〉。実際の勤務が可能か、条件が合うか……などが見られる。

企業によっては、これらを独自の評価表にまとめて、複数の面接担当者の採点を集積して採否判定を行うケースもある。具体的な内容や配点はまちまちだが、その一例は左の通り。求められている応答を察するための手がかりにしよう。

面接担当者がもつ「評価・採点表」の例

面　接　採　点　シ　ー　ト	NO.	
	応募者名	

人物イメージ・社会人スキル

項目	評点	評価のポイント
●第一印象／	5・4・3・2・1・0	パッと見て好感を抱けるか？　活発さや覇気を感じるか？ 服装・身だしなみなどが不快ではないか？
●ビジネスマナー／	5・4・3・2・1・0	自分の置かれた状況や立場への認識があるか？ 態度や言葉づかいは適切か？
●コミュニケーション力／	5・4・3・2・1・0	相手の話をきちんと聞けるか？　聞きやすい声で話せるか？ 会話の楽しさを知っている応募者か？ 物事を簡潔に表現できるか？　不要な余談や失言がないか？
●適性・協調性／	5・4・3・2・1・0	落ち込んだり激しやすい面はないか？ ポジティブな思考の持ち主か？　周囲と協調できそうか？ 新しい手法やルールを受け入れる柔軟性があるか？

業務関連スキル・意欲レベル

項目	評点	評価のポイント
●職歴・経験レベル／	5・4・3・2・1・0	業務に直結、あるいは関連した職歴・知識があるか？ 必要な実務経験の条件を満たしているか、 あるいは代替する経験があるか？
●業務認識／	5・4・3・2・1・0	業界や業務に対する理解度や考え方はどうか？
●業務関連スキル／	5・4・3・2・1・0	すぐ役立つ知識・技能・資格、 あるいは応用できるスキルはあるか？
●仕事姿勢や目標／	5・4・3・2・1・0	与えられた業務課題への達成意欲、あるいは実績はあるか？ 今後の努力目標をもっているか？ 自主的に工夫や努力をする応募者か？
●意欲と行動／	5・4・3・2・1・0	言葉以外に意欲や熱意を示すものがあるか？

就業への適応力

項目	評点	評価のポイント
●勤続意思／	5・4・3・2・1・0	転職（退職）理由は納得がいくか？
●前職給与・希望給与／	5・4・3・2・1・0	会社規定との折り合いがつくか？
●その他待遇／	5・4・3・2・1・0	会社規定による勤務地への配属が可能か？ そのほか、休日や社会保険など会社規定による待遇条件との 折り合いがつくか？
●勤務条件への適応／	5・4・3・2・1・0	通勤にムリはないか？　必要な残業・出張に対応可能か？ 遅刻・欠勤が多くなる可能性はないか？
●入社への適応／	5・4・3・2・1・0	出社可能日はいつか？　採用辞退の可能性はあるか？

総合評点	面接担当者コメント	面接担当者名

3 じっくり話せると思うのはカン違い

■書類選考を経た面接は〝激戦〟となりがち

第1章で触れた通り、転職面接のスタイルは実に多様。個別面接かグループ面接か、面接担当者の役職や人数、回数なども求人企業ごとに異なる。これらの応答ポイントを左ページにまとめてみた。

このほか、とりわけ留意しておきたいのが選考手順よる違いだ。まず、事前に書類選考を経ている面接に集まるのは、絞り込まれた強力なライバルばかり。レベルが近接しているだけに、評価判定が減点方式になる傾向がある。とくに人物イメージや就業への適応力などを見る質問には要注意。油断すると、実力のある応募者がつまらないことで落とされるような事態も……。

些細なことで足をすくわれないように、マナーに十分な配慮を行ったり、突っ込み質問やイジワル質問に対する心の準備もして臨むようにしたい。

■基本事項の確認だけで終了する面接もある

では書類選考がなく面接に到る場合はどうか……。応募倍率が高まった昨今は、事前に書類で絞り込みを行う企業が増えているが、職種や業界によっては応募書類持参形式の面接が依然として主流である。

ただし、この形式の面接を行う求人企業に〝書類選考がない〟わけではなく、単に手順が違うだけだということは知っておくべき。よく「書類選考に落ちつづけて面接に漕ぎ着けないので、応募書類持参の会社を選んで受けた」という人がいるが、これは大きなカン違い。書類選考で落ちつづけるなら、履歴書や職務経歴書に不備や問題がある可能性が高い。それを解決しておかないと、面接後の書類による絞り込み選考で同じことが起きてしまうだけだ。

また「直接、話せばいいのだから履歴書は簡単でいい」と考えるのも誤り。書類持参形式の面接には、幅広いレベルの応募者が大勢集まる。その分、応募書類をもとに進められる質疑応答の〝もち時間〟は短い。形式的な記述の書類では、選考に必要な情報が少なく、基本事項を確認されただけでタイムオーバーになりがち。ダラダラ書いた読みにくい書類の場合も同じだ。少しでも自分を売り込む時間をつくるには、内容や表現にも十分に配慮した応募書類の作成こそ欠かせない条件になる。

面接スタイル別の心構えと注意点

●2次・3次があるときの1次面接

複数回の面接がある会社では、1次は人事部スタッフなど採用窓口の担当者が面接を行うケースが多い。現場責任者や役員などによる面接の前に、まずは応募条件をクリアして相対評価のうえで大きな問題がないことをチェックするためのもの。「採用したい応募者を選ぶ」ことより「不適格な応募者を除く」のが目的である点に注意。ビジネスマナー、基本動作にはとくに気を配りたい。職場適性や協調性が重視される傾向が強い。あまりにも強烈な個性をアピールすることは“冒険”になりがち。

●複数の担当者と相対する面接

人事部スタッフや役員、現場責任者などがズラリ。もし圧迫感を感じたら、売り込み相手の“お客”は多いほうがトクと思うのがコツ。実際、応募者のために時間を割いて集合してきた担当者たちだ。各自の立場から、より的確に会社や仕事内容の説明をしてもらえる点、社風が垣間見られる点もメリット。応答の際は、とかく反応がよくて話しやすい担当者に視線が行きがちだが、まずは質問をした相手にきちんと向き合うこと。同じ質問が繰り返されても「先ほども申しましたが」といったセリフはＮＧ。

●役員によるマンツーマン面接

1次、2次を経た最終面談、あるいは中小規模の会社では経営者の“1回のみ”の面接に多い。経験やスキルは前提だが、質疑応答の重点は実務の細かい点よりも応募者の熱意や仕事姿勢を問うものになりがち。やりとりの中でマニュアル言葉は絶対に避けよう。面接担当者から本音の話が出てくることも多いので、よく耳を傾けて意図を理解したうえで自分の言葉で話せるように、あらかじめ自分の考えを整理しておく必要がある。また、給与や待遇条件など具体的な金額が出てくる質問も想定しておこう。

●グループ（集団）面接

転職面接でも最近は行われるように……。短時間で大勢の応募者を評価するのが狙いなので、いかに自分の考えを簡潔に話せるかがポイント。ライバルに、言いたいことの先を越されても焦りは禁物。つけ焼刃の回答は突飛になりがちなので、「私も同じですが、○○については××だと考えています」などとプラスαの言葉や具体的な説明を加えればＯＫ。また、注意したいのが姿勢やしぐさ。ほかの応募者の発言に必要以上に相づちを打つ・手遊びをする・ボーッとしている……などは予想外に目立ち、マイナス印象を与える。

4 必ず確認したい応募先への疑問

■質問を〝待つ〟だけではサクセス転職が難しい

転職面接は、「ココだ！」と見込んだ応募先に自分を売り込む〝セールスの場〟であるが、同時に応募先を〝チェックする場〟でもある。求人広告や事前研究でわからなかった不明点や疑問点を解消して、その応募先が本当に自分に合う転職先であるかどうかを見極める必要がある。

質疑応答で何を聞かれるのか、どう答えればいいのか……といった不安や心配を抱く気持ちはわかるが、ただ採用されることだけを考えて質問を〝待つ〟姿勢では、最終目的である〝サクセス転職〟が難しくなる。何のための転職面接なのかを、しっかりと頭に刻んで質疑応答に備えておくことが大切だ。

■流れを読んで自己PRや確認質問をしていく

おすすめしたいのは、自分が〝特殊商品〟の販売責任者になったつもりで考えること。売るのは、普通の商品ではない。2つとない貴重なものだし、かつ長期契約で支払いを受ける高額なものである。下手な相手に売れれば、商品が台無しになったりトラブルが起こる恐れもある。責任者としては、お客の購買力や活用力など各種条件も打診し、然るべき買い手であることを確認しなければならない……。

面接担当者はお客。しかも、買うつもりで、その場にやってきた有望客である。礼儀正しく控えめで誠実な態度で臨むことは接客の大前提。また、あらかじめ商品内容を把握して、伝えるべき情報を準備しておくこともセールスの心得だ。その基本さえできていれば、何をどう尋ねられた場合でも応答の最後はセールスポイントに着地させられる。

お客を見極めるために行う不明点・疑問点の確認についても同じ。唐突に話をもち出すのはNGだが、事前にチェックすべき項目を整理しておけば、やりとりの中で話の糸口を見つけられるはずだ。

やりとりをリードしているのは面接担当者で、質問も千差万別だが、質疑応答には流れがあるもの。それを読んでタイミングよく応答することで、自己PRの効果もアップするし、確認のための逆質問もスムーズに行える。面接回数や担当者の役職などによって多少の違いはあるが、左ページのよくある質疑応答の流れを参考にしよう。

一般的な質疑応答の流れ

●あいさつ（応募書類の提出）

1 導入の質問
（質問例／会社までの交通手段など）

最初は当たりさわりのない軽い話題が出るのが一般的。応募者に緊張をほぐしてもらって、うまく言葉のキャッチボールをしたいというのが目的だ。笑顔で会話を楽しむくらいの気持ちで落ち着いて臨むとベター。

2 業務関連スキルの確認
（質問例／前職の仕事・所持資格など）

応募書類を見ながらの質問が多い。くわしい職歴や経験値や技能レベルを聞かれる。数値やデータ、エピソードなどを使って具体的に回答していくことがポイント。謙虚すぎる発言はＮＧ。できることは自信をもって話したい。

3 仕事姿勢や適性の確認
（質問例／退職理由・志望動機など）

仕事や職場に対する考え方、スキルアップに対する意欲、将来目標などが聞かれる。仕事面・人間的な面のマッチングに加えて、意欲や向上心から入社後に戦力となるまでの期間の目安、入社後の貢献度の度合いや勤続意思などが判断される。

4 会社・仕事・待遇の説明
（質問例／会社に対する知識など）

面接担当者の側から事業内容や具体的な仕事内容、就業規則や待遇についての説明がある。面接の前に洗い出しておいた疑問は、その説明で解消することが多い。不明な点やあいまいな点があれば、ここで尋ねてしっかりと確認。

5 就業条件への適応力の確認
（質問例／残業対応の可否など）

出張や交替勤務などの具体的な勤務条件に対応できるか、また入社可能日の確認などが行われる。対応できることはハッキリ「できます」と答えたほうがベター。話題に関連した事項で不明点・疑問点があれば尋ねて、検討の材料にする。

6 給与条件の打診
（質問例／前職給与など）

評価が出揃う終盤になると、給与に関する質問や打診も多い。面接担当者の役職によっては最低必要額を伝えて話し合うことも可能だが、基本的には会社の提示額を待つ姿勢が望ましい。具体額についての深追いはＮＧ。

7 面接終了を告げられる
（質問例／最後に質問があるかなど）

「最後に質問があるか？」は、面接終了を告げるお約束フレーズ。不要な質問、待遇関連の質問は考えもの。意欲を“感じて”もらうより「本日の面接のお話で、ぜひ入社したいと思った」ことを熱く伝えるほうが効果もある。

●退室（お礼とあいさつ）

POINTコラム

面接でよく使う基本敬語

●面談相手	●一般的な敬語表現の例
株式会社・有限会社	御社（おんしゃ）の場合はいかがですか？
それ以外の組織団体	こちらさまの病院なら経験を生かせると思いました。 こちらの日実商店会さまに応募しました。
面接担当者	先ほど、鈴木さまがおっしゃった通りです。 山田社長さまのお話で、よく理解できました。

●よく使う言葉	●一般的な敬語表現の例
見た	ホームページを拝見いたしました。
読んだ	こちら様の会社案内を拝読いたしまして、
見てほしい	作品を持参したのですが、ご覧いただけますか？
どうですか？	いかがでしょうか？
聞きたい・尋ねたい	○○について、お聞かせいただけますか？ ○○について、お伺いしてよろしいですか？ ○○について、お尋ねしてよろしいですか？ ○○について、教えていただけますか？
聞いたか？	○○についてお耳にされましたか？
行った	御社の店舗にはよく参ります。 御社の○○支店には伺ったことがあります。
知っている	御社の製品は、以前から存じあげております。 ブランド名はよく耳にして、存じておりました。
知っているか？	○○をご存じでしょうか？
ほしい、もらいたい	ご連絡をいただけますか？ 入社までに、少し時間を頂戴できますか？
了解した	承知いたしました。 かしこまりました。
いいですか？	よろしいでしょうか？
どこですか？	主な出張先は、どちらになりますか？
いるか？	中途採用で入社された方はいらっしゃいますか？

●クッション言葉	●一般的な応用表現の例
失礼ですが	失礼ですが、お名前を伺えますか？
恐縮ですが	恐縮ですが、ご連絡は携帯電話のほうにお願いできますか？
不勉強で恥かしい	不勉強で恥かしいのですが、その展示会は見逃しました。
お忙しいところ	お忙しいところ、お手数をかけて申し訳ありません。
もし、よろしければ	もし、よろしければ会社案内を頂戴できますか？

第4章

どう答える？ よく聞かれる質問

定番質問のツボは事前に押さえておこう

転職面接には、似たようなレベルの応募者が集まるもの。実務経験やスキルレベルに厳しい条件があったり、書類選考を経ている場合ならばなおさらだ。"ドングリのせいくらべ"の中で、どの応募者が最も自社にマッチするのか……。面接担当者は、まず応募書類をもとにして採否のカギにもなる基本の"定番質問"を繰り出してくる。

同じ応答を防ぐ！

✕ 社風が自分に合う

「職場の雰囲気がよいので」なども注意。社風や職場のムードは実際に勤務してみないとわかりにくい。何らかの確認作業を行ったことを伝えない限りはＮＧだ。趣味のサークルとカン違いしている応募者、または思い込みで物事を判断する応募者と思われて不利に。

✕ やる気は負けない自信がある

「きっとお役に立てる」「何でもやります」なども同じ。やる気はあって当然の前提条件。そのうえで、実際に何がやれるのか……が問題。それを具体的に説明できない抽象論では説得力がないばかりか、ひとりよがりな無責任発言のように聞こえてＮＧ。

✕ やりがいのある仕事がしたい

「本気になれる仕事を探した」なども同じ。もともと“やりがい”は、本人次第。どんな仕事や環境でも、自分の役割の中に意義や興味を見つけて取り組んでいくことで手に入るもの。それを会社や周囲のせいにする……責任転嫁の傾向がマイナス評価の対象に。

✕ ステップアップのため

「新しいことにチャレンジしたくて」「キャリアを積みたい」なども注意。どういう分野でどうなりたいのか……目標を明確にして使わないと、単なる“マニュアル表現”になってしまう。前向きな姿勢をアピールしているつもりでも、またかとウンザリされるだけ。

✕ 御社のような小さな会社

「昔ながらのやり方」なども注意。まさに“ビミョー”な表現で、そこに好感をもったことやほめるつもりの発言でも、気持ちが伝わるかどうかは面接担当者次第。「これから成長する会社」「ヒューマンな手法」などと適切な言い換えをしないと、思わぬ落し穴に。

✕ このままでは限界を感じた

「マンネリを打破したい」「もっと何かができると考えた」なども同じ。面接では、それで具体的に何をするのか……が問われる。会社がほしいのは目標意識のある人だ。ただ前職場がイヤだった応募者、自分がやりたいことを探しにきた応募者では採用されない。

事前準備と表現の工夫でライバルと

応募先企業や職種にかかわらず、よく聞かれる定番質問がある。とくに「志望動機」「転職理由」「前職経験」は、転職面接で“必ず”と言っていいほど聞かれる3大質問。相互関係があり、しかもバリエーション質問も多いので、その場しのぎの応答ではつじつまが合わなくなる恐れがある。また、とかく“よく似た応答”が多いというのも現実だ。

定番質問への応答、よくあるNG表現

✖ 御社の事業内容に興味があって

「御社の将来性に期待」「御社の製品に注目」なども同じ。こうした“マニュアル表現”は、数万人が使っていると思いたい。応募したのだから興味や関心があるのは当然。どういう理由で、事業内容のどこに興味があるか……まで言わないと意味がない。

✖ 人と接する仕事がしたくて

「人の役に立つ仕事」「喜ばれる仕事」なども要注意。多くの応募者が使うが、対人折衝のない仕事などめったになく、目標が不明確。自分の何を生かし、どう接したいのか……まで話さないと、自己分析のできない幼稚さ、動機の甘さを感じさせてしまう。

✖ 憧れの業界だったので

「昔から好きなブランドだった」なども同じ。夢や憧れを抱くのは悪いことではない。だが重要なのは、そこで何がしたいか・できるか……だ。自分が応募先で果たす役割を棚にあげて話せば、仕事に対する基本的な理解ができていない応募者と思われるだけ。

✖ 御社でいろいろ学びたい

「勉強させていただきたい」「御社で○○を身につけたい」なども同じ。職場は学校ではない。本人は意欲アピールのつもりでも逆効果。たとえ未経験の仕事でも、応募先の教育訓練を期待するのではなく、自分なりに貢献できる点をアピールしないとNG。

1 なぜ当社に応募したのですか？

■他社でもいいのでは……と思わせない

この質問は、志望動機を尋ねる質問の代表格だ。「経理経験者の募集をされていたので、応募しました」といった言わずもがなの答えは常識外れ。同じ職種や条件の求人が複数ある中で、「なぜ、この会社を選んだのか」を説明する必要がある。

この応答で第一にチェックされるのは、入社意欲。「本気で働きたい応募者なら、会社選びも慎重なはず。入社できればどこでも……といった姿勢が感じられる回答は印象が悪い（製菓）」との考えのほか、「何が選択基準だったかを明確にしてもらえば、弊社の実情との間にギャップがないかも相互確認できます（ソフトサービス）」という声もある。

できる限り事前に企業情報を入手して、自分の会社選びを分析的に話すことができれば、ライバルとの差別化を図れるだけでなく本気の気持ちが伝わる。

ケース1 応募先企業で扱っている商品（サービス）に興味を感じている

●モデルトーク

「以前からドラッグストアや雑貨店で御社の商品を拝見し、発想の楽しさや素材など品質面のよさに好感をもっていました。自分がいいと思える商品を扱うことで、より誠実に仕事に取り組め、一層の頑張りがいもあると思いましたし、御社ならば○○の点で前職の経験を生かすことで貢献もしやすいと考えたのが応募の理由です」

アドバイス ここでマニュアル的な言葉が出るようでは評価されない

「御社の商品に興味を感じまして」というようなマニュアル的な漠然とした表現はNG。興味や関心の対象が事業内容・経営方針・成長性などの場合も同じ。面接担当者から「どこに？　なぜ？」などと鋭い突っ込みがくればいいほうで、たいていはウンザリされるだけで終わってしまう。

ちなみに言えば「経験を生かせる」といったフレーズも説明抜きで使うのは避けたい。このモデルトークのように「どういう経験を、どのように生かせるか」までの簡単なコメントを加えることで説得力のあるセールストークになる。

ケース2 職場雰囲気が自分に合うように思った

●モデルトーク

「応募に当たって○○店と××店を拝見させていただき、スタッフのみなさんがキビキビと笑顔で働いているのが印象的でした。また商品について尋ねましたら、わかりやすくていねいな説明をしてくださり、押しつけがましさのない接客姿勢と豊富な商品知識にも感銘を受けました。そうした接客が私の目標であり、このような職場の一員になりたいと強く思いました」

アドバイス 実際に自分で職場雰囲気を確認することが不可欠

入社後でないと実態がわかりにくい職場雰囲気を応募理由にするのは、ケースによりリスクが伴う。「当社では働きやすい環境づくりを心がけてはいますが、それをどう感じるかは本人次第。職場は〝同好会〟じゃありませんから、雰囲気に期待されても……（印刷）」との考えもあるからだ。

また求人広告によくある「わきあいあいの職場」といったフレーズを鵜呑みにして、賛同を示す回答も幼稚な印象を与えがち。職場雰囲気のことに触れる場合は、まず自分がそれを確認した方法を説明すること。行動をアピールしたうえで、あくまで仕事に関連づけた言い方も工夫しよう。

ケース3 求人広告に書かれていた会社モットーや給与額にひかれた

●モデルトーク

「求人広告にあった〝築くのは家ではなく夢〟という言葉にひかれました。コーポラティブという新発想で、業界に一石を投じる営業展開をされて、好業績を上げてきた御社のエネルギー源がそこにあると感じたからです。給与水準の高さも魅力で、その分、責任ある業務を担当できると考えました。資格も生かして御社と一緒に成長することで、より大きな夢を築きたいと思っています」

アドバイス 給与の高さが応募の理由でもお金の話に終始しない

留意すべきは、ほかの応募者も同じ求人広告を見ている点。「求人広告に営業モットーを掲載したところ、半数以上の応募者がそれについて言及。似たような話を何回も聞くことに（ブライダル関連）」との話は多い。モデルトークのような事前の企業研究のアピールのほか、自分の仕事への考え方を話すなど、プラスαの内容を加えることでライバルとは違った印象を与えることが大切。

また基本的には、給与や待遇のよさを志望動機として述べるのは少々の冒険。ただし〝本音〟を言うことのインパクトはある。言い方の工夫をすれば率直な入社意欲の表現となるはず。

2 この仕事を選んだ理由は何ですか？

■仕事への理解と行動意欲の強さをアピール

これも志望動機を聞く質問だが、未経験者やキャリアの浅い応募者に投げかけられるケースが多い。「長期勤続してほしいので、興味本位の応募でないことを確認したい（音楽事務所）」「憧れをもつのは構いませんが、仕事内容を正しく理解しているかどうかが問題（ブライダル関連）」といった意見が多い。業界や業務に対する理解の度合いを示すために必要なのは、その仕事に抱いている気持ちの説明だけではなく、自分がもっている知識・技術・経験が入社後の業務とどうリンクするのかまでを説明すること。そのほか行動意欲の証明として、すでにスタートしている勉強などを具体的に伝えられると、経験値の低さをカバーできる。志望業界や職種によっては採否を決定するほど重視されるので、あらかじめ自分の考えを整理しておきたい。

ケース1

前職経験を生かして新しい分野に挑戦したい

●モデルトーク

「接客業務である点は前職の飲食サービス業と同じですが、任される仕事範囲が広いと考えてファッション販売を目指しました。品揃えや在庫など商品管理、展示の工夫などに主体的に関われることが魅力です。またお客さまへのアドバイスに知識だけでなく感性が問われる点がむずかしいながら、やりがいにつながると考えました」

アドバイス

類似業務の経験だけではなく再考のうえの決心を伝えたい

応募先の業務は未経験でも、応用できる前職の業務経験があれば、それをクローズアップするのも上手な答え方だ。しかし「接客の経験がありますので……」といった類似業務の経験だけをとり上げた回答は、少々熱意に欠けた印象や応募先の業務に対する認識の甘さを感じさせてしまいがち。

このモデルトークのように前職と志望職種の仕事内容が違うことも理解している点を示しながら、どういう理由でどこに魅力を感じて、あえて未経験の仕事に応募したのか……を話すと、決心のほども伝わってグッド。

ケース2 未経験だが学生時代から興味があり勉強もしてきた

●モデルトーク

「これまでの営業経験や中国語のスキルを、以前から関心を抱いていた雑貨分野で生かしたいと考えたのが理由です。学生時代は雑貨ショップで販売のアルバイトをしたり趣味のコーディネート講座も受講しました。また社会人になってからは、現地の工芸品工場や雑貨市場を見て回るのが楽しみで、よく中国旅行をしています。こうした経験も少しは役立つかと思い〝他業界の営業経験者も可〟とあった御社のバイヤーを志望いたしました」

アドバイス 興味・関心の強さを示す話をどれだけ簡潔に伝えられるかもカギ

応募するからには興味や関心があるのは当たり前。よく聞く「以前から興味があった」「子供時代から憧れていた」といった回答もNGではないが、それだけで終われば精神論。いくら熱意を込めて訴えても採用につながる評価にはならない。その仕事に必要な知識を得るための努力や入社後に役立ちそうな経験、あるいは適性などをいかに伝えるかがポイント。

なお注意したいのは、自分がどれほどその仕事に思い入れがあるか……の説明は、とかくダラダラと長くなりがちな点。このモデルトークのように、まずは応募条件に沿った結論を先に述べるようにすれば、同じ内容の話でも聞きやすくなる。

ケース3 個人的な経験を通じてこの仕事に関心を抱いた

●モデルトーク

「友人の結婚式の司会を頼まれて演出も準備段階から手伝い、挙式当日を迎えたときの感動、喜ばれたときの達成感が直接の志望理由です。これまでの外食産業での接客や宴会営業の経験も生かし、少しでも早くお客さまと会社に貢献できる専門職になりたいと考え、いまはフラワーアレンジメントの講座にも通っています」

アドバイス 「ビジネス感覚の欠如」を感じさせない言葉の使い方をする

現場をまったく知らずに、夢だけを語るような応募者は減点対象。とくに、いわゆる〝憧れ業界〟では厳しい結果となりがちだ。学生時代のアルバイトや個人的な体験でもいいから、現場に触れたエピソードを話すのは賢い方法と言える。

ただし、その場合も志望理由が〝感動〟や〝達成感〟といった気持ちの表現で終わると、適性は伝わってもビジネス感覚に欠けた印象があるもの。このモデルトークのように〝会社貢献〟といった言葉を使ってそれを補ったり、業務に役立つ勉強をスタートしているという行動意欲を示すとよい。

3 退職（転職）を決心したのはなぜですか？

■応募先で実現できる目標をクローズアップ

採用したら勤続できるか……が主な狙い。また退職（転職）の決断という場面を通じて、仕事への取り組み姿勢や応募者が職場に期待していることを探り、マッチング度合いも見ようとする質問だ。

志望動機につながる前向きな理由、前職場では不可能だった仕事上の目標を理由にあげるのが基本。

また、この質問に対する回答は、とかく減点評価となりがちなので注意。経営方針や上司への批判、人間関係のトラブルなどに触れるのはキケン。当然だが、待遇面の不満を理由にするのもNG。どの会社も似たような状況はあり、応募先が自分の考える許容範囲内であるかどうかはわかりにくい。

「退職理由に疑念を感じたら、なぜ当社で同じことが起きないと考えるのか説明してもらいます（玩具メーカー）」といった厳しい見方に備えておこう。

ケース1 より専門性の高い仕事に携わりステップアップを図りたいと考えた

●モデルトーク

「資格も生かし、仕訳・入力から試算表作成や決算など、経営全般にわたる専門性の高い経験を積みたいというのが理由です。前職場でも入社当時は経理全般を担当していましたが、昨年から入金処理以外の業務は外部委託になりました。ちょうど簿記1級を取得したのを機にステップアップを決心し、決算が終わった先月で退職しました」

アドバイス

前職場ではステップアップ不可能……その理由を納得のいくように説明する

よく聞くのは「キャリアアップを目指し、さらなる活躍の場を求めた」といった漠然とした回答。しかし、これではNG。本人は前向きな姿勢を示しているつもりでも、前職場では評価されずキャリアアップできなかった人……と思われるだけ。「やりがいのある仕事をしたかった」も仕事姿勢を疑わせるNGワード。隣の芝生がキレイに見え、すぐ辞める人……という印象を与えてしまう。

モデルトークを参考に「最大限の努力をしても、前職場では希望や目標を達成するのがむずかしかった状況」を明確に伝えることが大切だ。

ケース2 会社の経営不振の中で転職を決心した

●モデルトーク

「会社の経営が悪化し、従来のようなお客さま第一の販売ができなくなったことが退職理由です。自分なりに努力しましたが、仕入れ部門やアフターサービス部門の仲間たちとの連携が崩れたことなど、リーダー職として反省点もあります。給与遅延などの事情もあって決断しましたが、この反省も生かし、改めて〝顧客満足〟に取り組んで販売のプロとして働きたいと考えています」

アドバイス 前職場の業績不振を〝他人事〟にせず、今後の目標を伝えていくことが大切

会社の経営不振や人員整理、倒産など、やむを得ない事情で退職(転職)をした応募者にありがちなのが、同情を求めるような口ぶりでの説明。

「会社の業績悪化を他人事のように話したり、自分を被害者のように話す人には、会社への貢献意識や仲間と一緒に成長する姿勢を期待できない」と採用に慎重になる面接担当者が多くいることを覚えておきたい。

モデルトークのように、本人の努力や反省を生かすところまで話せればベターだが、少なくとも困難な状況をどう受けとめ、新しい仕事にどんな姿勢で取り組みたいかを伝えることは不可欠だ。

ケース3 正社員としての長期勤務や安定した待遇条件を希望していた

●モデルトーク

「知識・技術を生かして長く勤続したいというのが希望です。前職場でも実績を評価されて契約更新を繰り返してきましたが、正社員登用制度がなく更新の度に不安定さを感じ、また担当業務や守備範囲が限られることで新しく身につけた技術を実務に応用しにくい面もありました。業務に専心できる環境で、幅広い役割にも対応し、専門職として会社に欠かせない人材になるのが目標です」

アドバイス 待遇的な問題点をあげつらうより応募先で実現できる内容を中心に話す

最近は雇用形態も多様化し、派遣スタッフや契約社員で働く人は多い。メリットもある働き方だけに、応募者自身が選んだ雇用形態の問題点を転職理由として話しても説得力がない。

「社会保険がなかった」「正社員への登用制度がなかった」など、応募先で実現できる内容ならばセーフとなるケースが多いが、待遇面のことをクローズアップすると、とかく「自分の都合を優先する人」「権利意識ばかりが強く、不満の多い人」との印象を与えてしまうので注意したい。

モデルケースのように、正社員になれば可能になる目標のほうに焦点を向けるのがポイント。

4 以前の仕事内容について話してください

■志望に関連した経験をクローズアップ

職務経歴書をくわしく書いていても、必ず聞かれる質問。前の会社で携わっていた仕事内容から、経験値や実力レベル、また新しい仕事への適性などを探るのが狙い。関連して組織構成や所属部署の位置づけ、仕事の進め方などを聞かれることもある。

たとえば営業の場合は、扱い商品のほかに活動手法や顧客対象、受け持った顧客数、実績などを具体的に話すが、いかに簡潔にわかりやすく説明できるかもポイント。他業界の専門用語や略語の使用は避け、長くても40～50秒程度で話せるようにしたい。

直近の仕事内容について話すのが基本だが、応募先の業務に関連した実務経験があれば、そちらをクローズアップ。未経験者の場合も同じ。重要なのは、志望先で役立つスキルや適性を、どこで・どのように・どのくらい身につけたかを伝えることだ。

ケース1 前職は営業だが未経験の事務職に応募する

●モデルトーク

「前職は生命保険の営業です。提携先の大手企業に出向き、従業員を対象にした保険プランの提案をして契約の手配までを担当しました。事務的な業務が多いのが特色で、保険提案にはパソコンでの保険設計書の作成が欠かせず、また契約に至るまでの各種書類の作成や事務手続き、顧客リストの作成と管理なども守備範囲でした」

アドバイス

守備範囲の中から役立つ担当業務やスキルを選んでアピール

このモデルトークは営業経験者の例。もし同じ営業に応募するなら、提案アプローチの工夫や実績数値などを加味して、即戦力になることを伝えるところだ。だが、この場合は未経験の事務職志望。そこで、入社後にすぐ役立つパソコン活用経験など、事務系の担当業務に焦点を当てている。

当然ながら、こうした説明のためには応募先の業界や職種で、どんな知識や技能が求められているかを知ることも不可欠。アピールできることをもらさないよう、前職の仕事内容の棚卸しと同時に応募先についての理解も心がけて回答の準備を。

ケース2 キャリアを生かしたステップアップの応募

●モデルトーク

「前職場は貿易事務代行会社で、担当業務の幅の広さが特色です。受発注関連のコレポン業務以外は、輸出入関連書類の作成、通関手配、船便・陸送・倉庫の手配、バンクネゴによる代金決済、中東向け貨物の査証手配なども担当しました。扱う貨物種類や相手国による書類知識のほか、とかく集中する依頼に対応して迅速でミスのない業務に努力してきた経験などを、貴協会の指導部の講師として生かしたいと考えています」

アドバイス 職務経歴書の棒読みではなく〝売り〟のトークをプラスしたい

避けたいのは「いろいろあって、ひと口では説明しにくいのですが……」といった回りくどい前置きや「いわば〝何でも屋〟の○○職として、ひと通りのことは経験があります」といった漠然とした表現。回答にはならず、印象もよくない。

どんな職種でも4～5年以上の経験を積むと仕事範囲は広くなり、〝ぶっつけ本番〟で簡潔な説明はしにくいので、必ず事前トレーニングをしておこう。ただし、単なる職務経歴書の棒読みではダメ。モデルトークのように、一連の仕事内容にプラスして、そうした経験の結果として何が自分の〝売り〟であるかを整理してアピールすれば、面接担当者のハートに届きやすくなる。

ケース3 アルバイトの見習修業の経験を生かした応募

●モデルトーク

「1年半、個人経営の和風割烹店の厨房で勤務しました。待遇はアルバイトでしたが、関西出身の調理長のもとで見習として包丁の扱いや仕込みの基本を身につけました。下ごしらえでは〝かつらむき〟や〝3枚おろし〟もできます。営業時間中は酒類の管理や一部サービスも担当し、半年前からは調理長の〝手元〟も務めてきました」

アドバイス 「わかる・知っている」ではなく、「できる・経験した」ことが〝売り〟

調理系に限らず、専門職の場合は雇用形態を問わず現場実務を通じたトレーニング経験が評価の対象になる。業種によって、職場の特色やどんな上司のもとで修業したかを伝えるのもよい。

気をつけたいのは、習得レベルの表現。その応募者が即戦力となる度合いを知りたい……というのが狙いなので、面接担当者は「わかる」と「できる」の差にも敏感になっている。できることは「できる」と断言したい。「役に立つかどうか不明ですが、一応、習いました」など謙遜した言い方では、プラスにカウントされないことも。

5 当社のことをどの程度知っていますか？

■知ろうと努力した姿勢を見せることが大切

この質問は、応募者に会社や仕事の説明を行うとき、面接担当者がどの辺から話せばよいか……を知るために聞かれるケースがほとんど。その意味では率直に答えてよい質問だが、「求人広告は拝見しましたが、それ以上のことはわかりません」というのでは、入社意欲を疑われても仕方がない。

「当社では求人広告にホームページのURLも掲載しています。インターネットでチェックするくらいはしていて当然でしょう。それを怠るような方では、仕事への取り組みにも不安があります（Web制作）」との意見は多く、職種によっては詳細な企業研究や分析までしていて当然……と思う面接担当者もいる。志望動機や仕事姿勢のチェックにつながることも念頭におき、限られた時間で応募先についての情報収集に努力した実績を伝えることが大切だ。

ケース1 応募先が展開するショップやサービス内容について知っている

●モデルトーク

「応募に当たって○○店と××店を拝見し、取り扱い商品について大体は把握できたと思います。また私は、販売は未経験なのですが〝こういう商品を探している〟と告げたときのスタッフの方たちの反応が、他店とは違う印象を受け、求人広告にあった〝売場情報を重視した商品戦略〟という言葉に関心をもちました」

アドバイス すぐできる情報収集をしたか、行動の有無でも入社意欲が判断される

流通小売り業なら直接店舗に出向く、身近にある商品のメーカーなら販売店で製造品を見たり実際に使ってみる……など、業種・業界によっては、ちょっと動いてみることで会社や事業に触れることができる。そこで問題になるのが、応募先に関する〝ちょっとした行動〟の意欲があったかどうかという点だ。できる範囲の行動はしておくのが自分らしいトークの前提となる。

上のモデルトークを「店舗のことや取り扱い商品については大体わかります」という、よくある回答と比較すると、印象の違いも歴然となるはず。

ケース2 社名（商品・サービス）が有名な会社なのでひと通りは調べた

●モデルトーク

「御社については以前から存じておりましたが、今回の応募に際して改めて御社のホームページを拝見しました。ビジネス雑誌に掲載されていた紹介記事もいくつか読ませていただき、大まかなところは把握できていると思います。ただ今回の募集の背景とされている〝新規事業プロジェクト〟については、求人広告以外の情報が見つからず、これまでの新素材研究の応用分野であるとしか理解できていません」

アドバイス 入手した情報の分析や感想まで長々と述べるのは考えもの

モデルトークのように答えれば、面接担当者はすぐに中途採用の背景である〝新規プロジェクト〟の説明に入れる。この質問は、そのためのものだ。「何をカン違いしたのか、調べてきた当社の経営戦略や事業展開、実績推移などについて長々と解説してくれた応募者がいました」とは、ある面接担当者。中堅規模の会社になると情報入手は容易。調べたことをアピールして熱意を伝えるのはいいが、ピント外れの応募者は採用されない。また簡潔なトークのうえでも、営業戦略などに関する分析や感想も、それについて質問されたときに話すほうがベター。面接の質問は、聞かれたことに対してピンポイントで応答するのが基本だ。

ケース3 求人広告以外の情報はとくに得られなかった

●モデルトーク

「前職場も、御社と同じ電気工事の施工会社だったので、業界のしくみや受注から請求の流れなど営業事務の大まかな業務の流れは把握できているつもりです。求人広告で主要取引先や取り扱い工事の幅広さなども拝見し、御社の信用度の高さや堅実さがわかりましたし、責任とやりがいをもって働ける会社だと感じました」

アドバイス 求人広告ではじめて知ったことはあえて言及する必要はない

ケース1で紹介したような例を除くと、小規模企業や個人経営の事業所の場合は情報収集がなかなかむずかしい。面接担当者も、自社について応募者が詳細を把握しているとは考えていないのが普通なので、会社の事業内容や募集職種の業務内容についての理解の度合いを尋ねていると判断してよい。あえて「求人広告に書いてあること以外はわからない」というようなマイナスのコメントは不要であり避けたほうが無難。確認トークについては後述するが、知ったかぶりをせず、不明なことは尋ねるようにしたい。

6 あなたの長所・短所は?

■回答と面接で与える印象のギャップに注意

とくに人物重視の企業でよく聞かれる質問。業務適性・職場適性にも通じる性格を問うのが狙いなので「長女のせいかシッカリ者で、半面では苦労性です」など、私生活レベルの回答は避けたほうが無難。

また注意したいのは、回答内容そのものよりも自分の性格についてどのような説明をする応募者なのか……という面から、常識やコミュニケーション能力を判断されるケースが少なくないことだ。

「私の長所は誠実で努力家、協調性・積極性にも優れ、短所は謙虚すぎる点……」などと言う応募者には、ちょっと首を傾げますね(Web制作)」との声もよく聞く。本人の回答と実際に受ける印象にギャップがあると、いまひとつ信頼感に欠けるので自己分析はシッカリしておきたい。抽象論でなく、自分らしい表現も工夫していく必要がある。

ケース1 細かな配慮や根気のいる業務、総務事務などを志望している場合

●モデルトーク

「私の長所は根気強さで、何事も途中で投げ出したくないと考えています。短所は、一度気になると細かな点にこだわること、また友人には〝おせっかい〟とも言われています。街でも困っている人を見ると放っておけずに声をかけるからですが、自分ではそれも社内サービス係の総務として生かせる長所のような気がしています」

アドバイス 第三者の言葉やエピソードを入れて話すと説得力が出る

自分の性格の一面をとり上げて、納得のいくように説明するのは簡単ではない。とくに長所については、下手な説明をすると失笑を買うような結果になりがち。そこで、表現のテクニックとしておすすめしたいのが、このモデルトークのように「同僚からは、よく○○と言われる」など、第三者の言葉を借りる方法だ。また「チームワークが得意なので協調性は人一倍あると思う。後輩指導にも力を入れてきたが、つい面倒を見すぎてしまうのは短所かもしれない」などエピソードを交えて話すのも説得力を増す方法のひとつだ。

ケース2 集中力や正確さが必要な業務、技術職・制作職を志望している場合

●モデルトーク

「仕事のうえでは集中力が私の長所です。ただ熱中しすぎて、つい時間を忘れてしまう傾向があるのは短所かと思います。気づくと残業の時間帯になっていて、ときおり注意を受けました。細かい作業は一気に仕上げたほうが精度も効率も上がるのは確かで、その点は評価されていましたが、不要な残業の削減が努力目標でした」

アドバイス ネガティブ面のクローズアップは避けて、応募職種にからめて話す

この質問は、短所についても触れる必要があるのが注意点。どんな場合も避けたいのは「一度落ち込むと立ち直りには時間がかかる」「思い込むと、周囲の意見は関係なくなる」「涙もろい」など、業務のうえでの障害を予測させるようなネガティブ面をクローズアップする表現だ。

もともと性格は表裏一体のもの。見方によって長所となる性格を、短所として裏返して話すなどの工夫をしたい。さらに、このモデルトークのように応募職種と関連させ、その短所を自分がどう考えているかや改善の目標なども伝えればベター。

ケース3 積極性や対人折衝力が必要な業務、営業職などを志望している場合

●モデルトーク

「私が常に心がけているのは〝逃げない〟ということで、それを実践している点が長所だと思います。クレーム対応にも苦手意識をもたず、誠意をもって取り組むことで、お客さまとより深い信頼関係を築く努力をしてきました。短所は同僚によく言われましたが、何でも抱えすぎてしまう点かもしれません。できる限りお客さまの要望に添うことは営業の基本ですが、今後は、その反省も踏まえて業務効率も考えたく思っています」

アドバイス 具体的なイメージが湧く話で業務への適性を印象づける

プラス評価されるだろうと考え、多くの応募者が使うのが「前向き」「積極的」「ポジティブ志向」といった言葉。またか……と思われないためには、「逃げない」など〝ひとひねり〟した表現も効果的だ。

ただし、そうした第三者にわかりにくい抽象表現だけで終わるのは禁物。モデルトークのように、その長所・短所を仕事のうえで、どう生かしたりどう補っていこうと考えているかを具体的な事例で説明していくことが大切だ。その応募者が前職場でどのように働いてきたかイメージが湧くと、同じ前向きな性格のアピールでも面接担当者に与えるインパクトは大きく違ってくる。

7 前職給与額（希望給与額）はどのくらいですか？

■応募先により質問の意図が異なるので注意

給与額についての質問は2通り。まず「前職給与額」は採用後の給与設定の材料になるほか、給与ダウンに対する打診、また実力レベルの目安にも……。「前職が同業界なら、給与額でどの程度の貢献をしてきた応募者か推測できます（印刷）」など、とくに営業など実績が数値に出やすい職種では、初任給設定への影響も大きい。当然だが、多めに言うのはタブー。採用後にウソがわかるとトラブルになる。

また「希望給与額」は、応募者の希望額と会社の考えている額にギャップがないかをチェックするために聞かれるケースが多い。〝希望〟だから……と高めの金額を言うと危険。この質問に対して具体的な金額を出すのは「それ以下なら入社辞退も考えます」という意味になる。それを踏まえ、事情があればモデルトークを参考に慎重に話すこと。

ケース1 志望職種は営業、経験者歓迎の会社を選んだ

●モデルトーク

「前職場は、固定給に歩合給や報奨金が加わる給与システムだったため、実績によって月毎の変動がありました。普段は平均すると額面で39万～40万円ほどでしたが、営業キャンペーンがあると実績による報奨金がプラスされます。私の場合、2年連続で東京ブロックのトップ5の成績をあげて、その月は50万円を超しました」

アドバイス 金額に加えて報奨など評価された実績もアピールしたい

営業や開発職など実績が数値に出やすい職種では、未経験者でない限り前職給与は初任給設定の目安になることが多い。金額に加えて、売上実績や報奨などのアピールもできればベター。

ノウハウ本によっては、よく「自分の経験・能力を客観的にとらえ、妥当な希望額をハッキリ提示してよい」とあるが、職種や応募先によっては慎重に。外資系企業を除き、一般的には最終面接などで希望給与を聞かれた場合にのみ、「できれば○万円以上を希望します」といった柔軟な表現で回答することをおすすめしたい。

ケース2 実務経験を武器にした応募、希望給与額に最低限度がある

●モデルトーク

「前職の固定給は、額面で23万円でした。実は申し上げにくいのですが、生活のうえで給与はそれと同等、もしくは同等以上を希望しております。御社ならば前職場の経験を生かしやすく、努力することで早い時期に戦力として貢献できる自負があります。御社の求人広告には20万円以上とありましたが、初任給の設定の際に、そうした事情を考慮していただける余地があるでしょうか?」

アドバイス 金額は出さないほうが無難だが、事情によっては最低額の提示も可

賃金交渉なら給与だけでなく賞与も含めた年収レベルの言い方のほうがベター。ただ、生活のために月収の最低額を押さえたいという希望なら、このモデルトークのような言い方でよいだろう。

具体的な金額交渉は内定後でも可能。その場で明確な返事がなくても深追いは禁物だ。「考えてみましょう」といった反応があれば「ありがとうございます」とお礼を述べるなど、ここでは交渉姿勢は見せないほうが無難。「妥当な希望額なら考えますが、強引な交渉姿勢や給与へのこだわりがある応募者は印象が悪い(卸小売)」というのが多くの面接担当者の本音だ。

ケース3 前職給与は高水準だったが未経験なので仕事内容を優先

●モデルトーク

「前職場では額面で28万円ほどいただいていました。満足できる金額でしたが、以前から学んでいた建築CADのスキルを生かすために、何よりも仕事内容を優先して御社に応募させていただきました。実務は未経験なので、まずは給与のことよりも仕事に慣れて実績をあげることに専心したいと考えており、金額については御社の規定に従わせていただくつもりです」

アドバイス 未経験職種なら給与ダウンも通例。それを了解していることを述べる

具体的な給与額については求人広告の記載などで目安をつけて「その規定に従う」という姿勢が基本。「仕事ぶりを見て決めていただければ、と思います」といった答えも好印象につながる。

覚えておいてほしいのは、転職による給与ダウンもあること。とくに実務未経験者、大手企業や長期勤続した職場からの転職者の場合は、ダウンの可能性が高い。応募者がそれをきちんと受けとめているかどうかは、面接担当者が懸念することのひとつ。確認のため、あえて前職給与を聞いてくるケースも多い。了解していれば、モデルトークのように答えることで意欲も伝わる。

8 残業(出張)がありますが対応できますか?

■条件説明がなければ、まずはイエスと答えたい

知っておきたいのは、この質問は必ずしも残業や出張が多い会社で聞かれるわけではないこと。いわば面接の〝お約束質問〟のひとつとして「回答から、勤務に対する姿勢や柔軟度をチェックします(商社)」という狙いがある例も少なくない。

繁忙期のときおりの残業や日帰り出張なら、特別なケースを除いて「できません」と答える応募者はいないはず。対応できるかどうかは、当然ながら残業量や出張の内容次第。何の条件説明もない場合は、反応を見られている……と考えてよい。

質問をされて、一瞬答えに詰まったり残業の量などを逆質問するのはNG。まずは即座に「できます」と業務対応の基本姿勢をストレートに伝えてしまうのがテクニックだ。そのうえで、希望条件に合う会社かどうかをチェックすることをおすすめしたい。

ケース1 基本的には対応できるが実際はどの程度の残業なのか……

●モデルトーク

「はい、大丈夫です。以前の会社も終業間際の受注が多いと処理が長引き、繁忙期には月30時間ほどの残業がありました。業務のうえで必要であれば、それ以上でも対応できます。心構えのために知りたいのですが、御社の皆さんは、通常、どのくらい残業されているのか教えていただけますか?」

アドバイス

応募先の残業の実態を確認するときは責任感と意欲の延長として尋ねる

残業の実態に関する企業間の格差は大きい。業界によっては連日終電車……というような企業もあるのが実情だ。「ある程度の残業はかまわない」と考えていても、自分の考える〝ある程度〟が応募先企業の実態とかけ離れていないか、きちんと確認しておくことは大切だ。

ただし「月20時間程度なら対応できます」など時間を区切る表現は「対応できない」という応答と同様の印象を与えがち。モデルトークのように「業務上、必要な残業には対応する」姿勢も見せることで、好印象を与えつつ確認質問ができる。

ケース2 たまの残業は仕方ないが基本的には避けたいと思う

●モデルトーク

「はい、対応できます。ただ前職場では残業が歓迎されておりませんでしたので、私自身も業務の効率化に努め、これまでは、できるかぎり就業時間内に仕事を終えるようにしてまいりました。そうした努力は今後も続けていくつもりでいますが、御社の場合は残業に関してどのような考え方をされていますか？　もし何か残業に関する決まりや慣例がありましたら教えてください」

アドバイス 付き合い残業なしで帰れる職場か、応募先の社風や考え方も尋ねてみたい

こうした質問に際して、面接担当者から「当社も残業撤廃に努力している」「残業は少なく、20時までという決まりもある」「付き合い残業はない」などの説明があれば、あまり残業をしたくない応募者でも安心できる。

だが、そうした話を応募者の側からストレートに尋ねると、入社意欲や仕事姿勢に疑問をもたれる恐れがある。まずはケース1と同じく、業務に必要な残業には無条件で対応できることをハッキリと伝えるのが基本。そのうえで、モデルトークのように自分の考え方や努力もアピールし、社風の確認をするとベター。

ケース3 家庭の事情があり、長期出張には対応できない

●モデルトーク

「はい、対応できます。前職場でも、ときおり地方にある取引先の本社工場での会議があり、日帰りや1泊の出張がありました。私の場合、家庭の事情がありまして長期出張への対応はむずかしいのですが、その程度であれば問題ありません。必要な出張にはできる限り対応したく考えていますので、御社の出張の頻度や期間がどんな状況なのか教えていただけますか？」

アドバイス 出張に対応する姿勢をアピール、頻度や期間を確認してみよう

一般に、長期出張がある企業の場合は、求人広告にその旨が記載されていることが多い。そうした記載がなければ、出張といっても日帰りや1泊程度ということは可能性として大いに考えられる。そんな状況下で、冒頭から「申し訳ないのですが、家庭の事情があり……」といったネガティブトークを返してしまうのは不利。

出張対応に対する質問の場合も、回答のコツは残業の場合とまったく同じ。まずは対応する姿勢を見せて、実際の出張頻度や期間を確認するように心がけたい。

9 採用されたらいつから出社できますか？

■確実に出社できる出社予定日を告げたい

応募者が、まだ在職中であれば間違いなく出てくる質問のひとつ。欠員補充を目的にした中途採用では、採用後、いち早い出社を望む会社が少なくない。だが、在職中であることを告げて選考対象にされたのであれば、猶予は与えてもらえると考えてよい。

通常の猶予期間は、2週間～1ヵ月程度。職種やスキルレベル、応募先企業の事情、あるいは交渉次第で、それ以上の猶予が与えられることもある。

面接担当者が知りたいのは、いつまで待つ必要のある応募者か、実際に待つ価値があるのか……という2点。回答を通じて、仕事姿勢や意欲をチェックする狙いもある。その意味でも避けたいのは、在職中なのに「採用されたら、すぐ出社します」などという答え。任されている仕事を途中で放り出す、責任感のない応募者と思われるだけだ。

ケース1 失業中なので、本来は即日出社が可能だが……

●モデルトーク

「失業中なので、すぐにも出社すべきところなのですが、できましたら約1週間のご猶予をいただき、来月1日としていただけないでしょうか？　実は今後の仕事にも有益であると考え、現在、社会人向けの教養講座を受講中です。もし、御社のご都合がつくようであれば、今月末の修了日まで通いたく思っております」

アドバイス

納得のいく理由を述べることで、勤労意欲に乏しい……との印象を払拭

失業中の応募者の場合、この質問自体に勤労意欲を見る狙いもある。「採用が決まり次第、いつからでも出社できます」と答えるのがベスト。

転職先が決まって安心したところで1週間休みたい……などと発想する応募者には、考え方の甘さや怠惰な傾向を感じる面接担当者が多いので、くれぐれも注意しよう。

猶予がほしいという回答のマイナス印象を防止するには、転職に際してのスキルアップのほか、家族への報告のための帰郷など、面接担当者が納得のいくような理由を添えることが不可欠だ。

ケース2 まだ在職中で、確実な退職日は未定である

●モデルトーク

「在職中の会社の就業規則によれば、退職は1ヵ月前に申し出ることになっていますので、履歴書には〝出社予定日は○月初旬〟と記しました。1ヵ月あれば残務整理や引き継ぎも完了できると考えていますが、具体的には内定のご連絡を頂戴した時点で上司と話し合い、調整を図ったうえで、確実な日程を早急にお知らせするということでよろしいでしょうか?」

アドバイス 責任を果たす姿勢も見られている。早い出社の安請け合いは逆効果になる

「在職者の場合は、職場に迷惑をかけないように退職していただくことが最優先です。熱意を示すつもりなのか、すぐにも出社します……などと言う人には仕事姿勢の面で無責任な印象を受けますし、早めの時期を言われて延ばされるのも迷惑です(不動産)」とは、多くの企業で聞く意見。

具体的な日付は確定できなくても、モデルトークのように事前に在職中の会社の就業規則を確認するなど、目安となる時期を把握して伝えることが大切。その際、早い時期の出社を安請け合いするのはタブー。入社日の延期は場合によって内定取り消しにつながることも知っておきたい。

ケース3 進行中のプロジェクト完了後など、入社可能日は数カ月も先になりそう

●モデルトーク

「退職意思については、すでに上司に話を通してあります。担当中のプロジェクトの進行状況から見て、完了までに約2ヵ月、その後の残務整理と引き継ぎに1ヵ月の猶予をいただけないでしょうか? 現在の業務を立ち上げから完了まで担当できれば、その経験は御社で必ず役立つという自負もあります。責任を全うした後、御社で踏み出す新しいステップに全力を尽くすつもりです」

アドバイス 採用企業にとってのメリットなど、待つことの意味と価値をアピールしたい

技術系専門職の募集、あるいは事業の核となる優秀な人材の確保を考えている求人企業の場合は、入社まで数カ月も待ってくれる例もある。

スキルレベルや実績・評価など実力面のマッチングは前提だが、誠意や熱意を示して「待つ価値がある人」と思わせることが大切。業務に役立つ経験値が上がるなど、モデルトークを参考に待つことによる付加価値をアピールするのも方法だ。

なお出社可能時期の目安を伝えるうえでの注意点は、ケース2と同じ。場合によっては、現職場の慰留工作を振り切るために必要な時間なども見積もっておきたい。

10 ほかの会社を受けていますか？

■隠す必要はないが〝ひと言〟をプラスして

「真剣に転職活動をしていれば〝かけもち応募〟も当然ですから、それで評価が下がることはありません。この質問で知りたいのは入社意欲。内定後、その応募者の入社辞退の可能性についても、探っておきたいのです（IT関連）」というのが狙いであり、面接担当者の気持ちだ。

一般に、応募条件などの関係で選考対象者が少ない求人企業でよく聞かれ、「○○社も募集していましたが、もう受けましたか？」などの直球もある。

隠す必要はなく、もし受けているなら正直に話してOK。聞かれなければ、具体的な社名などを言う必要はない。ただし、必ず伝えたいのは「御社に採用されたい」という気持ちを伝えるひと言。その会社がほかの応募先と違う魅力的な点を示すなど、改めて志望動機や入社意欲をアピールしよう。

ケース1 同じ業界のほかの企業に応募している

●モデルトーク

「はい。同じ業界の他社に応募いたしました。御社と同じように新ブランドの立ち上げに際し、商品企画スタッフの募集をしている会社です。まだ、書類を送っただけで面接は受けていませんが、できれば私としては中心となるターゲットの年齢層が若く、市場展開も柔軟な御社で自分の力を発揮したいと考えています」

アドバイス

あえて「第一志望である」と強調する必要はない

このモデルトークのように、同業他社というだけではなく、どんな基準で応募先を選んでいるかを伝えたい。応募者のやりたい仕事が明確になると、その分、期待値も高まるからだ。

また多くのノウハウ本は「御社が第一志望ですと伝えるべき」と助言しているが、あまり第一志望を強調するとマニュアル的な印象も与えがち。この会社に入りたい……という理由や意思を示すことは不可欠だが、企画系などの職種は「ほかの応募先のくわしい話も聞いたうえで検討したい」という本音の発言のほうがベターとも。

ケース2 まったく別の業界や仕事などアチコチに応募している

●モデルトーク

「はい、外資系商社の秘書室の求人に応募しました。希望の広報業務ではありませんが、語学力や前職で得たパソコンスキルを生かせるという点では、御社と共通した魅力を感じました。ただ、私自身としては自社製品の情報を世界の市場に広く伝えていく業務に関心をもっておりますし、これまでのメーカー勤務の経験も役立つと考えて、御社の海外事業部に応募した経緯があります。できれば御社で働きたい……というのが希望です」

アドバイス どこでも入社できればいいのか……と思わせないための再アピールを

他社も受けていると言えば、その内容も問われるのが普通。ところが、業界も職種も違う……となると、それまでの応答でアピールしてきた志望動機がぼやけてしまうこともある。

当然ながら「入社できればどこでもいい応募者」という印象は、致命的なダメージにつながる。それを防ぐには、モデルトークのように何らかの点で一貫性のある会社選びの説明をすればよい。

最もいけないのは、アチコチの会社に応募しているから……と逃げ腰の回答をすること。この質問も、セールストークのチャンス。再度、志望動機と自分の〝売り〟をアピールするつもりで、落ち着いて対応しよう。

ケース3 ほかの会社は応募していない

●モデルトーク

「現在、応募しているのは御社だけです。実務経験が役立つような応募先の情報収集はしておりますが、まだ在職中でもあり、絞り込んだうえで活動しようと考えました。業界誌や同業者組合のホームページで情報を得て、これほど業界内の信用度が高い会社ならば……と、最初に注目した御社に応募させていただきました」

アドバイス 志望動機や就労意欲に疑問があって聞かれるケースがあることも留意

知っておきたいのは「ほかを受けていない」ことは、必ずしもプラス評価されないこと。とりわけ留意すべきは、この質問は志望動機があいまいな応募者、就労意欲に欠ける懸念がある応募者にも投げかけられるケースがままある点だ。

それでなくても、「ほかは受けていません」との回答は、ときに白々しく聞こえるもの。言葉足らずでは、転職に対する取り組み姿勢さえ疑われかねない。モデルトークを参考に、1社のみに応募している理由と応募先を選んだ理由について、補足説明をしていくようにしたい。

11 あなたの〝強み〟は何ですか？

■同レベルのライバルと何が違うかを考える

面接の終盤近くになってよく聞かれる。これは言い換えれば、「あなたを採用するメリットはどこにあるか教えてくれ」というメッセージ。応募条件に合致していることや意欲を伝えるだけでは回答にならない。面接担当者は、同レベルの応募者が複数いる中で、その人を選ぶ理由を見つけたくてこの質問を発しているからだ。

「具体性がほしいです。精神論に終始したり、自分を雇えば会社もトクします……など無責任なことを言う応募者では評価できない（機器製造）」「内容だけではなく表現力や整理能力などもチェックします（IT関連）」といった意見もある。

なお面接終盤の「自己PRしてください」はこの質問と同じ狙い。また職歴全般の話をはじめたりするのはピント外れ。

ケース1 応募職種は未経験だが、使えそうな専門的な知識と経験がある

●モデルトーク

「私は、簿記検定2級があるだけで経理は未経験ですが、〝強み〟は前職の総務経験です。社会保険の知識をもとに各種の手続きを担当し、また年末調整を含めた給与計算にも携わってきました。先ほど御社では、経理事務がそうした業務を担当するとうかがい、前職経験を仕事の中で役立て、未経験のハンディを補いたいと考えました」

アドバイス

面接のやりとりを通じて得た情報も加味して具体的な〝売り〟を説明する

この質問は面接終盤に近づくほど、選考への影響力も大きいと考えてよい。ライバルに差をつけるには、応募条件以外で自分なりの〝強み〟を探す必要がある。その意味では、質疑応答を通じて知った応募先のニーズにマッチする知識や経験を伝えられればベスト。仕事内容や扱い商品、取引先業界や企業、経営の課題や戦略の説明など、面接担当者の話によく耳を傾けておくことが大切。「先ほど教えていただいたように」など、面接担当者の発言を前振りのフレーズにすると、コミュニケーション力も感じさせて印象がよい。

ケース2 職場のパイプ役として努力してきた経験がある

●モデルトーク

「私は、職場運営も正社員の重要な役割と考えていますので、その経験が自分の〝強み〟だと思います。前職場も、御社と同じように派遣スタッフや業務委託のスタッフ、短期アルバイトなどが多く、いわゆる〝混成チーム〟で動いていました。各自の働きやすさや効率、また楽しい職場雰囲気づくりを目標に、上司とのパイプ役や人間関係の緩衝役を務めたり、後輩指導に携わってきた経験は、きっと御社でも役立つと考えています」

アドバイス 単なる適性の強調でなく実例によって役立つ応用力を示す

具体的な業務が異なっても、応用的に役立っていくと思われる適性や基礎力があると判断されれば高い評価を受けるもの。

とくに接客、後輩指導、対人折衝、調整や管理、情報の収集・分析力などは幅広い業界・職種で役立つものだけに注目される。

だが、それを単に言葉のうえで「ある」と言っても、インパクトは薄く、面接担当者のハートには届きにくい。説得力をもたせるには、モデルトークのように実際にそうした適性や基礎力を生かしてきた実績を説明することが大切だ。

ケース3 むずかしい仕事でも工夫と努力でやりとげていくガッツがある

●モデルトーク

「これまで、業務目標や課題は必ず達成してきた……というのが私の〝強み〟です。達成の難易度は、担当する業務によっても違いますが、昨年は私のチームが最も困難と言われた新規開拓を受け持ちました。そこで〝ご近所ローラー作戦〟や〝お得意さまの輪づくり〟など、独自の作戦も展開し、目標120%を達成できました」

アドバイス 苦労話や精神論にならないよう目的に沿った表現の方法も考えよう

ほかの応募者と違う〝強み〟が、人一倍の「ヤル気」や「ガッツ」というのは、NGではないが説得力に欠ける。「努力」のアピールも苦労話になりがちで評価されにくい……。

だが、知識や技術が同レベルでも任された仕事をやりとげるパワーに差が出るのは確か。それを精神論ではなく、具体的な実績として伝えていくのも面接トークのコツだ。このモデルトークのように「ガッツ」ではなく「目標達成力」と言い換えて表現するのも、ひとつの方法。それだけでも印象は大きく違ってくるはずだ。

12 最後に何か質問がありますか？

■不要な質問をするより入社希望を再アピール

ひと通りの質疑応答が終わったとき、出てくる質問。「最後に何か言いたいことはありませんか？」などと聞く面接担当者もいる。この質問は、いわば面接終了を告げる〝儀式〟のようなもの。もし、質疑応答の中で聞きもらしたことがあれば、最後の確認チャンスとするのはかまわないが、何がなんでも質問をしなければ……と思うのはマチガイだ。

「面談の最後になって基本的な仕事のことを聞かれ、それまでの話が何だったのか、とがっかり（機器製造）」「すでにした待遇の話を、また蒸し返して些細なことを聞く人も印象が悪い（印刷）」との意見も多い。必要のない質問で失敗しないよう注意したい。

とはいえ「何もありません」と受け身で終了するのはソン。モデルトークを参考に、ここでしめくくりの入社希望を再アピールをしよう。

ケース1 とくに質問はなく、結果を待ちたい

●モデルトーク

「ていねいにご説明をいただきまして、大切なことはひと通り理解できました。お話をうかがい、改めてぜひ御社で頑張りたいという思いでおります。本日の選考の結果次第かと存じますが、この後も2次面接などが予定されているのでしょうか？　いつごろ結果のご連絡をいただけるのかも、教えていただけますか？」

アドバイス　ほかに質問がなくても、選考結果の連絡時期は必ず聞いておきたい

質問の有無にかかわらず、入社意思の再アピールと結果連絡時期の確認をするのが、この質問への応答の基本トーク。

面接の結果が出るまでの期間は、即決もあれば2週間後、1カ月後もあり、会社によってまちまち。おおまかな時期だけでも聞いておかないと、毎日、心配しながら連絡を待つような事態に……。また、他社への同時応募のスケジュールなどを立てるうえでも、その後の選考の手順についても確認をしておくほうがよい。

ケース2 参考までに聞きたいことがある

●モデルトーク

「はい。今の段階で必要なことは、ひと通りご説明いただき理解できましたが、参考のためにお聞かせいただきたいのですが、御社では中途入社の社員の方が、どのくらいいらっしゃるのか教えていただけますか？　本日、お話をうかがいまして、ぜひとも御社で働きたいという思いが強くなりましたが、私と同じように、まったく異分野から実務未経験で入社されて、活躍をされている方はいらっしゃいますか？」

アドバイス 中途入社の社員割合や職場の平均年齢などは率直に聞いてもよい質問

仕事内容や待遇、給与、勤務条件などの確認は面接の中核。聞きもらしたことがあれば仕方ないが、本来は、本番中のやりとりの中で聞くべきことだ。だが、質疑応答の中に出てこなかった中途入社の社員割合や職場の平均年齢など、サイドメニュー的な確認事項ならば率直に尋ねてOK。

中途入社の社員が活躍しやすいかどうかは会社選びのポイント。とくに異分野・異職種への転職を目指す人なら、モデルトークのように尋ねると「○○部の部長は○○業界、××課長も××業界出身の未経験者でした」などの話も出やすく、未経験入社の場合のハンディの有無もつかみやすい。

ケース3 雰囲気を知りたいので職場を見学したい

●モデルトーク

「はい。今の段階で必要なことは、ひと通りご説明いただき理解できました。ぜひとも御社で働きたいという思いでいますが、本日の結果のご連絡は、いつごろいただけるでしょうか？

また、これはお願いなのですが、この後、差し障りのない範囲でかまいませんので、御社の社内を見学させていただくことは可能でしょうか？」

アドバイス 面談以外におよぶ依頼についてはクッション言葉で強引な印象を防止

たとえば「社内を見学させていただけないか?」「御社の会社案内を頂戴できないだろうか?」など、尋ねる内容によっては、その場の会話では終わらないケースもある。その際、意識しておきたいのは、面接担当者に何らかの行動や手配を求めている……という事実。熱意からの発言であることは理解されても、強引な印象を与えてしまうことがあるのでくれぐれも注意したい。〝質問〟というより、〝お願いをする〟気持ちで、礼儀正しく話すことが大切。「差し障りがなければ」「もし、よろしければ」など、クッション言葉を上手に使って、控えめでソフトな表現を心がけよう。

POINTコラム

ありがちなNG応答……年代別の注意ポイント

20代前半

未経験の仕事でも比較的採用されやすいのが20代前半の応募者。意欲を見るための「志望動機」が重視される傾向があるが、新卒入社のときの面接の記憶が新しいだけに注意したい。同じ意欲アピールでも中途採用の場合は“未知の可能性”ではなく、仕事経験をベースにした伸び率や貢献度を伝えることが大切。浅いキャリアでも会社勤務の経歴があれば、同年代の新卒やフリーターとは一線を画す。職歴の中から“売り”を見つけて、面接では自分から積極的にアピールを。

✕ 体育会系のアプローチ
大声でのあいさつや自己紹介、元気いっぱいの応答も程度問題。学生気分が抜けていない……など場違いな印象を与えないように。

✕ 質問を待つだけの姿勢
聞かれたことだけに答える受け身の質疑応答になりがち。素直さは大切だが、言葉のキャッチボールができない応募者では減点対象。

20代後半

キャリアアップ転職をしやすいが、経験内容による実力格差が大きいので面接では「前職の仕事内容」をとくに詳細に問われる。また近い将来に応募先企業の中核的な戦力になることが期待され、その分、勤続意思や仕事姿勢を見る「退職理由」が厳しくチェックされたり、目標達成への努力・後輩指導・業務提案といった主体的な業務への取り組みも判定基準になる。履歴書や職務経歴書を作成する時点から、それを意識しておかないとバリエーション質問で齟齬が生じがちなので注意。

✕ 前職場への批判・不満
待遇面へのこだわりが強いのも20代後半。面接担当者は、給与や勤務条件に対する前職場への不満がのぞく応答に敏感で減点に。

✕ リーダー意識の欠如
後輩や部下の“存在”を考えたこともない応答に終始する応募者はNG。常に指示を仰ぐ部下の立場でしか働けない人と判断される。

30代前半

即戦力を求める応募先企業へのアプローチがしやすい。ただし評価されるのは“多様な知識・経験”でなく、“応募先で利益貢献できる知識・経験”。「前職経験」を問う質問に対して、いかにピントを絞った応答ができるかが重要。また前職場や自分なりの業務スタイルが身についている分、「志望動機」「転職理由」では職場への適応や柔軟性がチェックされる。そのほか職場リーダーとしての指導・管理の実績も選考基準となるなど、整理すべきことが多いので事前の準備を念入りに。

✕ キャリアの自慢
“売り”になる知識・経験・実績のアピールは不可欠だが、応募先を甘く見て自信満々で誇示する印象を与えると嫌われる。

✕ 高額な給与の要求
転職では給与ダウンもある。実績のない応募先企業で、前職場以上の給与を要求しても折り合いがつかないケースは多い。

30代後半以降

“二極化”が見えはじめる年代。専門的な実務能力や管理能力を生かした転職のほか、やむをえない事情による異分野転職も多くなる。「前職経験」に関しての注意点は３０代前半と同様。さらに幹部候補として経営視点や目標管理能力を求められるケース、未経験分野への適応や柔軟性が重視されるケースなどニーズの振れ幅が大きく、その分、給与・待遇面での折り合いもむずかしい。応募先選びの優先事項・妥協事項の設定など、心構えも含めた面接への準備が採否に影響を及ぼす。

✕ 年齢ハンディに自滅
腰が引けている応募者に期待する面接担当者はいない。年齢をハンディと思ったら、その克服の切り札がないことに甘んじていてはダメ。

✕ 過去にこだわる
役立たない立派なキャリアを自慢したり、不本意だった退職経緯を訴えるのはマイナス印象。今後の目標と方針に話の重点を。

第5章

どう答える？ 職種に応じた質問

職種別必勝フレーズの鍵は具体性にある

面接の質問は、志望職種によっても変わってくる。求められる業務スキルや経験の中身は職種により違い、業界によっては特有の勤務環境や条件があるからだ。面接担当者が待っているのは、それらの要求に対応することが「できるか・できないか」という回答だ。精神論を述べても無意味。対応できることを具体的に示す裏づけを提出していくことが採用のカギになる。

●応募業界・職種の友人・知人から話を聞いて情報収集

未経験者で問題にされるのが、業務への理解。とくに話題の業界や人気職種では、実態を知らない異分野からの応募者は警戒される傾向が強い。そこで活用したいのが人脈。応募先業界・職種で働く友人・知人から、勤務状況や具体的な仕事内容、苦労話なども聞いておく。人脈がなければ、インターネットの転職情報ページにアクセスして質問してみるのもよい。「この業界の知人から話を聞き、仕事の大変さも理解したうえで意欲を感じた」と言える応募者なら、面接担当者にも安心感をもたれる。

●短期取得の資格・検定で速攻のアピールを狙う

「英語が得意です」ではＮＧ。常時受験が可能な〈ＴＯＥＩＣ〉で実力レベルを示せば評価が変わる。技能の証明になる各種資格も難関ばかりではなく気軽に取得できる公的ライセンスがある。〈ガス溶接技能〉なら２日間の技能講習、〈ホームヘルパー３級〉なら50時間の養成研修の後に修了試験で取得可能。「ヤル気は誰にも負けません！」と言っても口先だけでは効果なし。ヤル気があるなら、仕事に役立つ関連資格にチャレンジして速攻のアピールを狙いたい。

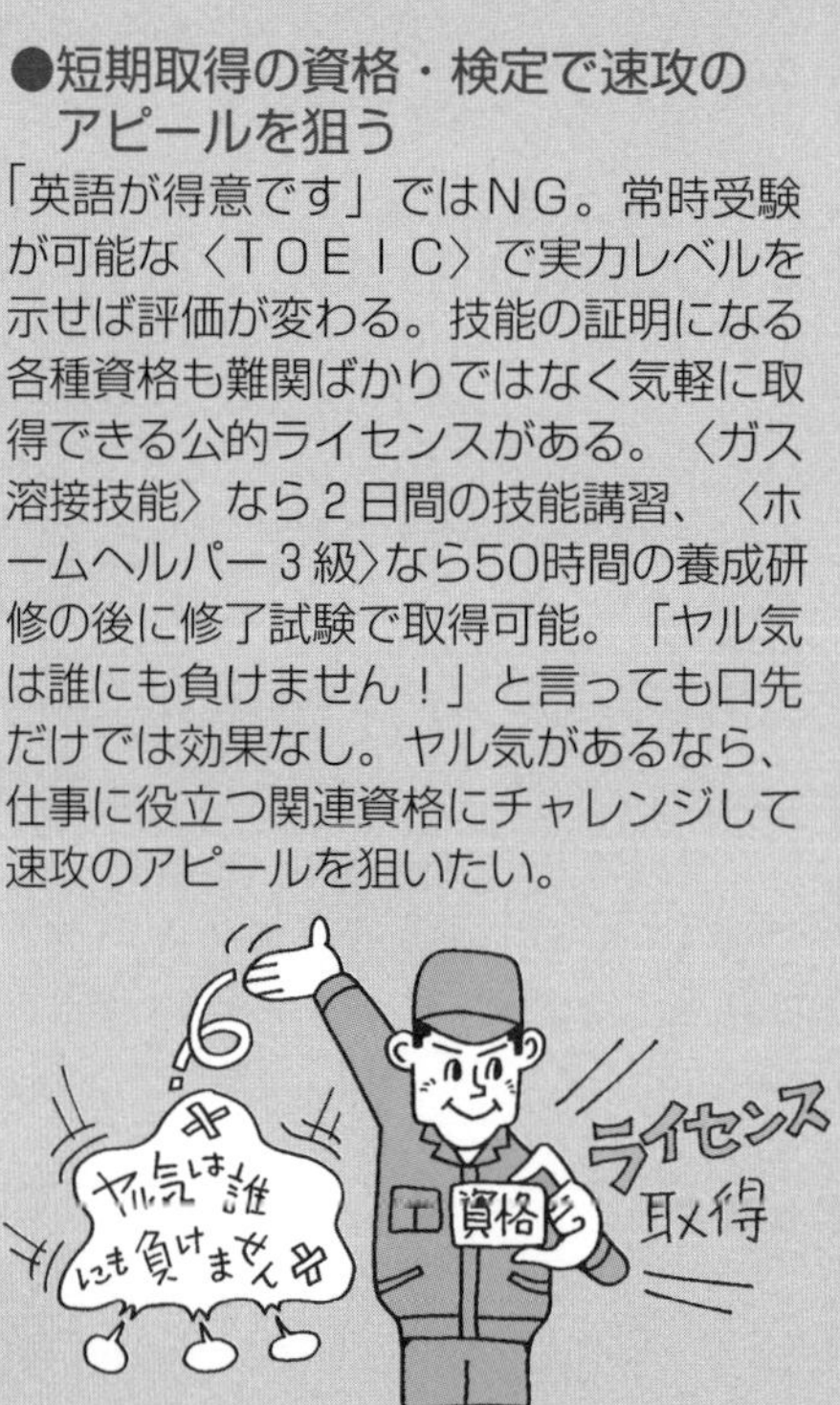

●志望の仕事を“プチ体験”して未経験者を卒業

求人広告には〈関連資格があれば未経験者ＯＫ〉も多い。だが、そうした応募先でも重視されるのは、やはり実務経験だ。そこで挑戦したいのが“プチ体験”。失業中か在職中かなど状況により方法は異なるが、アルバイト・派遣スタッフ・スクールのインターンシップ・ボランティア・知人の手伝いまで……さまざま。たとえ数日でも現場体験の有無は大きな差。「まだ在職中なので、休日のみ○月より近所の高齢者施設で介護ボランティアをしています」など経験をアピール！

●応募先のサービスやショップを利用して会社研究

たとえば小売・外食・通販・アミューズメント・交通運輸・運送・出版・情報サービスなど……。業界や業種によっては、応募先が展開する事業をお客として手軽に体験できる。面接で聞かれて「利用したことはありません」と言えば、入社意欲を疑われても仕方ない。利用することで、システム・社員の対応・価格やイメージなどに対する意見をもつこともできる。具体的な感想が加わると、〈志望動機〉を語る言葉にも自分なりのいきいきした表現をプラスできるはず。

直前アクションで必勝トークを準備！

応答が変わる……直前アクション例

●業務関連のビジネス書や実用書を読んで“入門レベル”の知識習得

必須の応募条件ではないが、あれば歓迎される業務関連の知識は多い。求人広告に付帯記述された＜○○業界経験者歓迎＞＜○○知識ある方歓迎＞などがそれ。たとえば一般事務・総務募集の経理経験など。面接でも必ず何らかのカタチで質疑応答に登場。その際、せめてビジネス書１冊でも読んでおくと応答トークも変化。正直に「求人広告の記述を拝見したので、入門書を読んで勉強しました」と言うだけでも、「その方面の知識はありません」と言うのとでは大違い！

●志望業界の展示場やショールームを１日かけて見て回る

たとえば同業他社の住宅展示場やマンションのモデルルーム、応募先に関連した機器メーカーのショールーム、ほか各種見本市や展示会など……。１日かけてデートがてらに見て回れば、これはもう立派な業界研究。各企業の事業の特色や姿勢の違い、競合の実情などキャッチできることは多い。面接で必ず聞かれる＜志望動機＞も、ライバルと似たようなことを言わずにすむはず。また「応募に当たり、御社のほかＡ社・Ｂ社・Ｃ社のショールームに……」と、事実を述べるだけでも意欲アピールに。

●数時間・数回の短期講習を受講してパソコンスキルアップ

いまや職種を問わず“あって当然”のパソコンスキル。求人広告では〈ワード、エクセル使える方〉といった記述も目立ち、面接では〈操作の習熟度〉〈ソフトの活用・応用レベル〉などが聞かれる。応募先の要求値に満たないと感じるなら事前習得が不可欠だ。独学という方法もあるが、時間ギレの場合はお手軽な短期コースでいいから講座・講習の受講をおすすめ。スキル不足の応募者が「自分で勉強しているが……」と言うのと「スキル習得のため受講中」と言うのでは説得力がまるで違う。

1 一般事務／パソコンスキルは前提

■社会人基礎力と事務処理の適性をアピール

同じ事務職でも、経理事務ならば専門知識の有無、経験年数による習熟度が歴然とした差となって表れやすい。だが、そのような基準での実力判断がむずかしいのが一般事務である。

技能面ではパソコンスキルを見られるが、それはあって当然の前提条件とも。多くの面接担当者が重視するのは、ヒューマンスキル、いわば社会人としての基礎力である。とくにビジネスマナー、コミュニケーション力は厳しくチェックされる。立ち居振る舞いや敬語の使い方などに注意するほか、質疑応答がなごやかに運ぶように心がけたい。

事務未経験者の場合は、パソコン操作技能やソフト活用力を伝えるため、何らかの書類作成経験も話すべき。事務処理に関する適性や柔軟性をアピールできれば未経験のハンディカバーも比較的容易。

質問1 パソコンは使えますか？どの程度のことができますか？

●モデルトーク

「はい。以前の職場では、エクセルのフォーマットで書類づくりが行われていました。私の担当は入力業務のみでしたが、独学でソフトの使い方を勉強して、集計マクロによる作業の自動化を図りました。チームの売上実績も期間別・地域別・担当者別で出せるように工夫し、営業職からは喜ばれたり煙たがられたりもしました」

アドバイス

自発的に勉強したことを話し、少ない経験をカバーする

事務系の仕事に必須のパソコンスキルを問う質問に対しては、どのようなアプリケーションソフトが使えるか述べるだけでは説明不足。ソフトの名前に加えて、どんな使い方をしていたかも具体的に示してスキルレベルをアピールすべき。

またパソコンによる業務経験がない人、単純な入力程度の経験しかない人の場合は、自発的な勉強で習得したレベルも伝えよう。モデルトークのように職場での具体的な実績があれば、初心者イメージを払拭できるだけでなく、貢献意識のアピールにもなってインパクトが強くなる。

質問2　簡単な経理もやってもらいますが、簿記知識はありますか？

●モデルトーク

「入門書で学んだ程度のことですが、ごく基本的な知識なら身についています。経理の基礎を独学したのは、自営業をしている知人に税務申告の手伝いを頼まれたためで、実際には勘定科目ごとの伝票の仕訳けと帳簿への記入を手がけました。関心がある経理業務も担当できるのは望むところですし、必要ならばさらに勉強し、お役に立ちたいと思います」

アドバイス　「知りません」という発言は数時間の準備をすれば避けられる

一般事務が簡単な経理業務を担当している会社の例は多い。求人広告でも「簿記知識ある方歓迎」といったフレーズを散見する。応募の必須条件ではないため、知識がない応募者でも選考対象にはなる。だが、応募先企業がそれを求めていることがわかっているのに「知りません、わかりません」ではライバルに勝てない。

面接でも必ず聞かれる。「ノー」という答えは歓迎されない。ウソは厳禁だが、事前に入門書に目を通しておくだけでも、そのセリフは言わずにすむ。「この会社に入りたいので勉強した」でもOK。意欲を裏づけるためにも準備が大切。

質問3　今までに仕事で失敗した経験があれば教えてください。

●モデルトーク

「新人の頃、私のミスで納品が遅れたことがあります。上司の許可を得て、包装作業の時間がないという得意先に駆けつけ、作業を手伝いました。改めてお詫びに行くと逆に感謝され、ことなきをえましたが、それを機に伝票処理の流れを見直すことで業務効率もアップしたのが〝ケガの巧妙〟でした。業務の一つひとつが会社に与える影響の大きさも認識するようになったと思います」

アドバイス　失敗を「ない」と答えるのは問題意識のなさを疑われるだけ

避けたいのは「特別なミスはありません」「覚えていません」などという回答。仕事上の失敗は誰にでも必ずある。それを自覚していないのは、失敗を真剣に受けとめる問題意識が低い証拠。また「得意先社名を間違えたくらいです」などと表現するのもNG。その失敗を面接担当者は〝くらい〟と、軽くは考えない。

この種の質問に回答するコツは、失敗談を単なる苦労話で終えないこと。モデルトークのように、再発予防に自分なりに努力した、ミスがきっかけで業務改善もできた……などという結果や実績につなげて簡潔に話すようにしたい。

2 経理事務／実力の伝え方がカギ

■専門知識・実務経験を担当業務で具体的に示す

経理事務の求人広告には「実務経験3年以上または日商簿記検定2級以上」など、必須の応募条件として経験年数や検定資格が示されるのが普通。

応募者の実力レベルは〝似たりよったり〟だ。検定資格だけの未経験者に比較すれば、経験者は有利ではあるが、応募者の大半は経験者という実情を考えれば楽観はできない。

ライバルに差をつけるには、応募先企業が求める実力レベルを具体的な業務経験で証明していくのがコツ。どんな企業のどんな経理業務をどの範囲まで担当していたか……を、応募先の予定業務とリンクして説明できればアピール度が高まる。

未経験者の場合は、いち早く戦力になれるという積極的なトーク、それを裏づける仕事姿勢や努力家であることを印象づけていくことが大切。

質問1

応募者には経験者が多いんですよ。あなたは経理事務は未経験でしたね？

●モデルトーク

「はい。それでも選考対象にしていただき、ありがとうございました。確かに、私は経理事務として働いた経験はありませんが、昨年、日商簿記2級を取得し、今は1級の取得をめざして勉強中です。御社では給与計算も経理が担当すると聞いておりますので、総務として給与計算に携わってきた経験は生かせると考えました」

アドバイス

具体的な資格名や関連業務の経験を伝えて実務経験者との溝を埋める

不採用になりそうなことを暗示して、応募者の反応をうかがう面接担当者もいる。そこで動揺したり「ヤル気は誰にも負けません」など精神論に逃げてはダメ。未経験応募で書類選考に残ったという事実に自信をもち、冷静に〝売り〟をアピールしたい。モデルトークのように、経験者に匹敵する知識を取得資格で示したり、即戦力となる業務経験をトークに織り込めればベター。経験者との溝を少しでも埋めるため、経験の総ざらえをするなど事前準備のほか、面接担当者の話に耳を傾けて応募先企業の業務の特色をつかむのも大切。

質問2　エクセルはどう使っていましたか？　また、入力速度はどれくらいですか？

●モデルトーク

「以前の職場では、役員会議に必要な資料や報告書の作成をフォーマットづくりから任されていましたので、エクセルは主にその際に活用していました。入力速度は一般的なビジネス文書づくりであれば、10分間に450字ほどといったところです。テンキーを使用すればもっと速く入力できますが、いずれの場合もスピードよりも正確さを心がけていました」

アドバイス　数字やデータで示せるスキルは事前に準備してアピール材料に

パソコンスキルに関しては、ビジネスソフトの知識のほかに、一定レベルの入力速度に達していることを条件にする会社が目立つ。

また、外資系や貿易関係の企業であれば、英語力や英文経理の知識が求められたり、特殊なところでは福祉法人経理の知識を問う企業もある。

そうした個別のスキルを客観的に示せる資格や講座修了証、データなどがあれば、面接の際に確実に伝えられるように、事前にきちんと準備しておきたい。パソコンの入力速度なども、実際のビジネスに即すかたちで具体的な数字にして示すと説得力も増す。

質問3　当社の財務構造を見ましたか？　どんな印象をもちましたか？

●モデルトーク

「はい。まず自己資本率の高さに伴うメリットに注目しました。また、御社が研究開発に相当な力を注いでいることもうかがえました。前職場でも、一般経理の領域だけでなく、設備投資計画や損益計算、年間予算の立案や実績集計などに携わってきましたので、御社のそうした点が製造業として必要なことだと理解できましたし、非常に健全で有望性が高い会社だと感じました」

アドバイス　企業研究をした事実で意欲を伝え財務志望であることもアピールしたい

この質問は、応募者の入社意欲と業務適性を問うもの。日常的な経理業務のアウトソーシングも進む昨今、正社員募集では管理会計業務や財務の中長期計画にまで携われるエキスパートを欲する企業も増えた。求人広告の募集職種が「経理・財務」といった表記なら、その可能性が高い。

それを志望するなら、面接に際して応募先の財務構造を調べるくらいの準備も必要。「見ていないので、わかりません」では話にならない。またモデルトークのように、財務関連の仕事に携わった経験もきちんとアピールすることが大切。

3 秘書・受付／人物重視傾向が強い

■高倍率だが業務スキルへのニーズは二極化

外国人役員の秘書募集などの例では、ハイスキルな経験者のニーズが圧倒的多数。要求値を満たす応募者がいなければ採用を断念して派遣スタッフを活用することも……。その一方では、パソコンスキルや英語力、事務経験などを前提に〝未経験者可〟とする企業も多く、応募は概して高倍率になりがち。だが、選考基準は外資系などの英語による面接の場合も含めて、〝人物重視〟の傾向が強いのが大きな特徴だろう。質疑応答を通じて、社会人としての常識やビジネスマナーなどの習熟度、対人的な印象、コミュニケーション力といったヒューマンスキルをどうアピールするかが、採用の分かれ道になる。

型にはまったセリフをしゃべるのではなく、これまでの仕事で実践してきたことを自分の言葉で語っていくこともポイント。

質問1 秘書としてすぐに役立つような業務をこれまでの仕事で経験していますか？

●モデルトーク

「はい。長く事務職に就いていたので、パソコン操作やビジネスソフトの活用には習熟しております。図表入りの会議資料や視覚に訴える提案企画書などの作成は、たいてい私が担当していました。また、営業プロジェクトの進行調整の経験も、秘書として上司のスケジュール管理をするうえで役立つはずだと自負しております」

アドバイス
アピールで謙遜は逆効果。経験や実績は胸を張って話したい

面接担当者に大げさな印象を与えずに、実力をしっかりと伝えることができれば、セールストークは成功。モデルトークは、パソコンスキルや書類作成能力の高さなどをさりげなく示す参考例だ。

自信のあることは、胸を張って堂々と伝えるほうが説得力がでる。避けたいのは、謙遜のつもりで「お役に立つかどうかわかりませんが……」といったネガティブワードをつけること。逃げ口上に聞こえて逆効果になるだけでなく、後に続く言葉の内容次第では〝鼻もちならない〟印象になるので、注意したい。

質問2 秘書として働くに当たって、どんな心構えがありますか？

●モデルトーク

「素直な気持ちで物事を吸収することが大切……と考えております。よき秘書でいるためには、自己啓発を心がけ、常に新しい知識や技能を習得していくことが欠かせません。現在は、入社までにTOEICで700点を取ることを目指して英会話を勉強中です。また、上司の身近で働くことで、ものの見方や考え方を学んで、人間的にも成長していきたいと考えています」

アドバイス 仕事に対する姿勢やポリシーはあらかじめ準備して面接に臨みたい

同種の質問に「仕事をしていくうえで大切なことは何だと思いますか？」などがある。仕事姿勢を見るために職種を問わずよく聞かれるが、秘書の場合は、人間的な成熟度やコミュニケーションスキルを判定する狙いもあって、とくに重視される傾向がある。

咄嗟には答えにくい質問だけに、あらかじめ自分の気持ちや考えを整理し、まとめておくことが大切。回答には、志望職種への業務理解、取り組む意欲や目標があることなどを示すフレーズを挿入するとベター。また、実際に取り組んで実践していることを、自分の言葉で語るのもコツだ。

質問3 冠婚葬祭のマナーについては十分な知識をおもちですか？

●モデルトーク

「はい。前職場では慶弔関連の電報手配や〝表書き〟などお金包みの準備も担当し、最近では取引先企業の新社屋建設の際、地鎮祭と上棟式に上司とともに参列した経験などがあります。冠婚葬祭マナーは社会人としても不可欠な知識なので基本は勉強いたしましたが、万一にも失礼があってはいけないと考え、その都度、復習と事前のマナー確認を怠らずに臨んでいます」

アドバイス 求められているからこそ聞かれる。「ない」と言うのはマイナス

秘書の仕事は、資料作成やファイリング、上司のスケジュール管理といった基本業務のほか、訪日ゲストのアテンド、接待用の飲食店選定など広域な分野にわたる。冠婚葬祭への対応もそのひとつだが、面接で質問されるのは業務遂行に必須の知識であるから……と考えてよい。

避けたいのは「ある程度のことならわかります」といったあいまいな答え方。ましてや、「十分と言えるかどうか……」ではNG。基本知識があれば、モデルトークのような回答もできるはず。できないことを「できる」と言うのは禁物だが、臨機応変な対応も秘書の適性と考えて答えたい。

4 総務・人事／分野経験の明示も必要

■応募先企業が求める知識・経験を正しく把握

総務の役割は経営方針や人材戦略を実現していくこと。そのため業務領域は広く、庶務関連や採用人事のほか労務管理、広報、法務・行政、資産管理や運営など……。応募者に期待されている知識・経験の内容やレベルも求人企業ごとにかなりの差がある。

事務経験や組織のパイプ役としての適性がある応募者なら、実務未経験でもOKという企業がある半面、たとえば株式公開を前にしたIR（投資家向け情報提供活動）の経験者募集など、特定分野で即戦力を求めている難関の企業も多い。

書類選考を経て面接に至ったケースなら、基本スキルは合格点に達していると考えてよいので、まずは応募先の業務の比重がどこにあるかを再度確認していくのが面接テクニック。ニーズを把握したうえで、ポイントに刺さるトークを心がけていきたい。

質問1 未経験の総務を選んだのは何かやりたい仕事があったのですか？

●モデルトーク

「はい。以前の仕事は営業事務でしたが、会社の業務全体を見渡せる部署で、組織が円滑に機能するための〝縁の下の力もち〟として働きたいと考え総務を選びました。庶務から社会保険事務など業務範囲の広さが魅力に思え、とくに社内向け広報には関心がありますので、将来はそうした仕事にも携わりたいという希望があります」

アドバイス

希望分野の業務に携われるか、応募者側からの確認も欠かせない

広域な総務の仕事だが、求人企業のニーズで圧倒的多数を占めるのは2つ。ひとつは庶務など総務全般に関わる分野。もうひとつは採用人事や教育訓練、労務管理といった分野。採用後の実務がどちらに軸足を置いたものになるかは、応募先により異なるため、そのマッチングを見るのがこの質問の狙い。志望動機の変形タイプだ。

業務への理解は前提だが、やりたい仕事を尋ねられたときは、気負わずに率直に考えていることを伝えるのがベター。希望分野の仕事に就けるかどうかを応募者側から確認する方法のひとつだ。

質問2 社会保険事務に関する知識はどのくらいもっていますか？

●モデルトーク

「総務・人事のエキスパートになるためには、社会保険事務の知識があると有利だと知り、テキストを購入して独学で勉強している最中です。今はまだ、それぞれの制度の内容の大まかなところを理解できたという程度ですが、これからは各種の届け出やその手続きの方法なども習得していくつもりです。また、そうした知識は、実務を通じて学んでいく必要があるとも感じています」

アドバイス 実務スキルへの興味と前向きな姿勢を語るなら「入社後に勉強」では遅い

ここに掲げたモデルトークのポイントは、「勉強している最中です」という部分。

中途採用を行う企業は、即戦力となり得る人材を必要としている場合が多い。それだけに、実際のスキルを図る質問に対して「将来は○○をしたいので○○の資格にもチャレンジするつもり」と答えたり、「入社後に頑張って勉強したい」という意味の言葉を伝えても、無意味だと感じる面接担当者がほとんどだからだ。

少なくとも、新しい仕事に就くための何らかのアクションをすでに起こしていることを示していくべきだろう。

質問3 前の職場でＩＲの経験、あるいはコンプライアンス関係の経験はありますか？

●モデルトーク

「はい。新卒入社した○○社では広報担当として投資家向けのリリース作成も行っていました。また前職場では専門的な法務担当ではありませんでしたが、知的財産権、とくに二次使用に関する著作財産権・著作者人格権の勉強をして社内各部署からの質問や相談に応じていました。いまは、学生時代に興味をもって学んだことをベースに民法・商法の復習をしているところです」

アドバイス 業務経験の有無だけでなく得意分野の知識レベルが伝わる回答を

こうした質問はニーズの表れ。くれぐれも避けたいのは「職務経歴書の通りです」といった答え方。印象が悪いだけでなく、会話の流れが中断されて、せっかくのアピールチャンスを棒に振ってしまうことになる。

また聞かれているのが業務経験の有無でも、単に「イエス・ノー」の回答をするのも避けたい。面接担当者が知りたいのは、どんな経験をしてきたかという詳細な情報だ。

モデルトークを参考に、具体的な業務内容を伝えるのはもちろん、得意分野についても知識レベルがわかるような説明をしていくべき。

5 企画・マーケティング／ビジネス感覚をアピール

■可能性に期待して採用基準に融通性も見られる

全般的に見れば、実務経験が重視されるのはほかの職種と同じ。だが、各社とも応募者の志望動機や経歴などケース・バイ・ケースで学歴や専門知識などの採用基準がゆるやかになる傾向が見えるのが、この企画・マーケティング職の特色である。

プレゼンテーション力が不可欠で、またビジネス感覚など適性の有無も重視される仕事……。そんなところに融通度の高い理由があるのかもしれない。面接選考の結果次第で、実務未経験でも採用への扉が開く例もまま見受けられる。

評価対象となりやすいのは、即戦力として応用できる業界知識や商品知識、同じターゲット層をもつ営業・販売職のキャリア、また情報収集・分析・提案など類似業務の体験など。面接では、そうした点に考慮してアピールしていくことが大切。

質問1 これまでに企画書か提案書を作成したことがありますか？

●モデルトーク

「はい。担当エリアの販売店向けに、パソコンで販促ツールの活用提案書や店頭イベントの企画書などをよく作成していました。それを自分で配布し、その場で簡単なプレゼンを行っていましたが、思いのほか受け入れてもらえました。当初はイラストレーターで作成していたのですが、最近はパワーポイントを使っています」

アドバイス

企画書作成やプレゼンの経験は必ずアピールしておきたい

企画やマーケティングの実務に役立つ経験としては、まずはパソコンスキルがあげられる。前職で事務系ソフトやDTP系ソフトの活用経験がある場合は、それをしっかり伝えよう。

また、英語や中国語などの外国語ができることも、企画やマーケティングを行ううえでは大きな武器となる。さらに、忘れずにアピールしておきたいのは、企画書の作成経験と社外へのプレゼンテーションの経験だ。モデルトークを参考に、そうしたスキルと同時に自発的に業務に取り組んでいく姿勢もアピールするとベター。

質問2 この業界やマーケットについて、どの程度まで知っていますか?

●モデルトーク

「以前は、一般市場調査の仕事をしていました。とくにこの業界のクライアントを多く担当していましたので、御社の業務内容やマーケット特性については、ひと通り把握しているつもりです。具体的な調査では、女性向け商品の開発や立ち上げに関わる調査を多く経験してきましたので、そうしたマーケティング知識を生かした仕事をしたいというのが希望です」

アドバイス 自分の知識レベルや情報収集法をわかりやすく説明できれば評価される

同じ質問内容でも、ベテラン応募者に対しては違った狙いをもってされることが多い。

「専門職に限らず、企画やマーケティングに携わるうえでは深い市場認識が必要です。仕事に対する姿勢は日頃の勉強ぶりにあらわれますから、専門知識や業界動向については必ず聞きます(玩具メーカー)」というように、習熟度や熱意をみるために問われるケースが多いのだ。

「○○業界はどう発展すると思いますか?」「○○の現状をどう思いますか?」などの質問も、狙いは同じ。他分野からの転職なら、事前に志望する業界について勉強しておくことが欠かせない。

質問3 最近あなたが注目しているビジネスを挙げてください。

●モデルトーク

「経営コンサルタント会社のプロデュース事業に興味をもっています。同じコーヒーショップが、プロデュースひとつで業態や顧客層を転換していくダイナミズムに面白さを感じているからです。現在のところ、目立っているのはレストランや喫茶店など外食関連で行われているプロデュースですが、近い将来には小売り流通方面にも広がっていくのではないかと注目しています」

アドバイス 注目するビジネスのどこに魅力を感じているのかも伝えよう

「面接では、よく観るテレビ番組とそれに対する意見を聞くことで、トレンドへの興味や方向性を探り、同時に客観的な分析力をチェックします(番組企画)」という声は多数。回答によって、情報への感度やこだわりだけではなく、分析力や表現力も判断される。

日頃から多方面にアンテナを張り巡らし、新鮮な情報収集に努めることはもちろんだが、それのどこがどう面白いのか、自分なりの分析や感想をつけ加えられるようにしておこう。ただ「○○に注目しています」では、トレンドに敏感であることは伝わらない。

6 販売／職業観が厳しく問われる

■マニュアル的な志望動機は減点対象

未経験者への扉が広く開かれている職種。中途半端な経験なら、適性の高い未経験者のほうが……との考えか、経験者の選考基準は高くなりがち。接客経験や商品知識のほか、店長候補募集ではマネジメント能力や指導力も問われる。実績数値を示したり、経験を踏まえたスタッフ育成や店舗運営の考え方など具体性のある説明ができるように準備したい。

また応募者が殺到する有名ブランドでは、職業観を問う傾向も強い。おざなりなマニュアル言葉による志望動機など、甘さの見える応募者は容赦なく選別されてしまうので注意したい。

最近は接客サービスの差別化を重視する企業が増え、販売などの接客に求められる条件も変わりつつある。商品販売と同時に顧客満足を実現できる人材が求められていることへの理解も示していきたい。

質問1 履歴書に「店長を目指す」とありますが、どんな店長を目標にしているのですか？

●モデルトーク

「スタッフ全員が心を合わせて楽しく働けるように、職場をまとめる力をもつ店長が理想です。ただしリーダーシップを発揮するには、接客技術や商品知識、売上げ実績のうえでも周囲に認められるだけの実力が不可欠……というのが現実だと考えています。その意味では、まず御社のトップ販売職になるのが当面の目標です」

アドバイス
仕事上の目標を述べるときは具体的なイメージを示すことが大事

販売職の場合、将来の目標と当面の目標を明らかにしていくことは、仕事に対する前向きさと意欲をアピールするうえでは欠かせない。

その際も、モデルトークで示したとおり、面接担当者がイメージを描きやすいように、具体的なシーンを挙げて説明。少しずつでも努力していく姿勢も伝えるのがコツだ。

「みんなのお手本になるような○○を目指したい」「エキスパートを目指したい」などの答え方は、大勢の応募者が使っているので注意。ライバルとは違う自分らしい表現を工夫したい。

質問2 売上額や販売成績の社内順位など、あなたの実績を教えてください。

●モデルトーク

「前職場では、城南地区にある約70店の得意先店舗に派遣されていました。目的は販売支援とスタッフ指導なので売上額や売上順位は集計されていませんでしたが、同期の中では、指名による派遣要請が最も多かったと自負しています。また、本来はベテランを派遣する決まりの新規顧客先を担当することも多く、新しい仲間と出会い、一緒に努力することの楽しさを味わいました」

アドバイス 質問された数字を示せないときはそれに代わるエピソードを話す

応募者の実力レベル、また業務目標達成への意欲を数字から判断するのが狙い。特別に華々しい実績でなくても具体的な数字を示すことで、応募者も自分の努力の姿勢を伝えやすい。

しかし困るのは、面接担当者に聞かれた内容のデータ数字がないとき……。沈黙したり「そういう数字はありません」などと答えるのはNGだ。「担当商品の性格もあって個人別売上数値はないが、勤続中、所属店舗の業績はずっと右肩上がりだった」など、代替になるエピソードを織り込むだけでも話に説得力が出る。モデルトークのように前職場での評価を話していくのも一例。

質問3 どんなブランドの服が好きですか?

●モデルトーク

「個人的には○○○が好きですし、私と同年代の女性から支持を得ている御社の×××にも関心があります。ただ、販売職としてブランドを捉えたときには、自分がこれまでに接してきたお客さまの年齢層から考えても、若者向けのカジュアルブランドよりも△△のようなアダルトな雰囲気の商品を担当するほうが、自分の力を発揮できるのではないかと思っています」

アドバイス ビジネスの視点で商品全般を勉強していることをアピール

ファッション関連企業では「よく読む雑誌を尋ねる」「よく買い物にいく店を聞く」という面接担当者が少なくない。応募者の嗜好傾向と自社商品とのマッチング、トレンドに対する感度を測るだけでなく、場合によっては回答から仕事に対する考え方や関心の深さを探ろうとする狙いもある。

とくに業界経験者であれば、個人的な好みの話だけで終始してしまうのはキケン。ファッションをビジネスとして捉えているかどうか、広い視野をもって知識を吸収しているかどうかも厳しく見られているからだ。モデルトークのように答え、得意分野をアピールするのもひとつの方法。

7 営業／目標達成の実績を示す

■志望業界に関する知識はぜひともアピール

営業職の採用は、即戦力重視型と未経験歓迎型に大きく分けられる。ある面接担当者によれば「営業職で〝経験〟と言えば、同業界での営業経験のこと」だとか。扱う商品・サービスだけでなく、業界のしくみや事情、専門用語や知識に精通していることは、取引きをスムーズに、かつ有利に運ぶうえで役立ち、ときには不可欠にもなるからだ。

これまでの職歴の中で応募先に関係した業界知識があれば、強くアピールしたい。営業未経験者でもライバルに打ち勝つ切り札になる。

また、営業職としてのパワーを左右するのは目標達成への意識。対人折衝が上手でも、あさらめの早い人では成果は出にくい。何らかの実績数値を示すことは、応募者にとっては「困難に負けず粘り強い努力を惜しまない」ということの裏づけになる。

質問1 入社後に担当する当社の○○についてどんな印象をもっていますか？

●モデルトーク

「正直な感想を申せば、競合会社のものとの違いが見えにくい……と感じ、それが私の志望理由につながりました。カタチのあるモノではない分、売るのは〝商品〟ではなく〝情報〟であり、いかにお客さまの信頼を得るかという営業の姿勢と能力が重要になります。むずかしいだけに、やりがいのある仕事だという印象をもちました」

アドバイス
好き嫌いではなく仕事の視点で商品を考えてみることがポイント

扱う商品・サービスのほか、ベンチャー企業などでは事業システムの印象についてよく聞かれる。

ここで「素晴らしいと思います」「大変ユニークで○○社のものより優れています」などと単純な印象を話すのでは、友人同士のおしゃべりと同じ。では、もっと詳細な商品批評を……と考えるのも、応募職種が営業の場合なら少し違う。

面接担当者が求めているのは、あくまで〝営業としての視点〟からの感想なのだと理解して、モデルトークのように仕事姿勢のアピールに落とし込んでいくのが、この質問への回答のコツだ。

質問2 ウチは得意先管理だけでなく飛び込みもありますよ。大丈夫ですか？

●モデルトーク

「はい、私は初対面の相手とも緊張せずに会話できます。営業が新規顧客の開拓に努力するのは当然のことですし、励みにもなりますから、仕事により力が入ると思います。また飛び込みだけでなく、ほかにも売上げ目標の達成や業績アップにつながる営業方法があれば積極的にチャレンジしていきたいと考えていますし、自分なりに工夫もしていくつもりでおります」

アドバイス 厳しい要求でもそれが現実ならば意欲アピールでヤル気の提示を

営業未経験の応募者に対して、よく聞かれる質問。「大丈夫ですか？」と言っても、面接担当者は何も応募者の都合を聞いているわけではない。たとえ得意先管理が主業務のルートセールスの場合でも、営業には仕事の一環として〝飛び込み〟による新規顧客開拓があるのが当然なのだ。

回答が「できません」「それは困ります」なら不採用、「やってみないとわかりません」では減点評価となってしまう。自分の気持ちにそぐわないことやツライ状況にあっても、前向きに仕事ができる人材かどうか……を見るのが面接担当者の狙い。意欲的な仕事姿勢をアピールしよう。

質問3 営業という仕事におけるあなたのモットーは何ですか？

●モデルトーク

「お客さまを信じ、お客さまの話をよく聞く……ということです。よく〝お客さまの立場に立って考える〟とか〝お客さま第一主義〟と言いますが、本当の信頼関係を結ぶのがむずかしいのは、自分自身が最初につまずいているからだと気づきました。お客さまを理解するには、まず自分が問題……という結論に達し、それ以降、営業成績にも違いが出てきたと思っています」

アドバイス 内容は気負わず率直に、表現は〝ひとひねり〟が勝ち抜くコツ

営業という仕事そのものに対する考え方を探ろうとするのが狙い。即座には答えられない内容なので、あらかじめ自分の考えをまとめておきたい。たとえば、日頃から何を大切と考えて営業活動を行っているのか、これまでに営業の仕事を通して何を身につけてきたのか、今後の目標は何かといった話を、気負わずに率直に話せばいい。

このモデルトークは、ほかの応募者が言いそうな「お客さまの立場に立って」「お客さま第一主義」という言葉をやんわり否定。面接も売り込み競争だ。こんなライバルもいることを考えると、マニュアル言葉を使うことは、かなりキケン。

8 技術職／スキル向上意欲も採用基準

■専門技能のレベルを明確にアピールしたい

技術職の場合、応募先企業が必要としている専門技能のレベル評価が採用・不採用の決断に直結する。そこで応募者に求められるのが、客観的な評価判定が可能になる実力アピールだ。専門技能の内容やスキルレベルなどを的確に表現していくことが大切だ。

また重要なのは技能向上への意欲。未経験者OKの企業はもちろん、経験者募集の企業でもハイテンポな技術革新に柔軟に対応できるかどうか……を重要な採用基準としているからだ。

またソリューション事業が盛んになった最近では、〝スペシャリスト〟にも、ビジネス感覚や対人折衝力、統括力を備えた〝ゼネラリスト〟としての能力を求める傾向があること、また前職場の技術内容を軽率に口にする〝守秘義務〟の意識の低い応募者への警戒感があることも心にとめておこう。

質問1 SEとしては具体的にどんなシステム構築に携わってきましたか？

●モデルトーク

「最近では、○○書店のオンライン販売システムに携わりました。マシンは△△でOSには××を使用し、C言語からJAVAまで使用言語も多岐にわたったため、10名で3ヵ月かかりました。そのほか地方銀行の融資業務や通販会社の在庫管理に関するERPに携わりましたので、御社でもその経験が役立つと思っています」

アドバイス

機種や活用法、作業の流れや環境など技能レベルがわかる具体的な説明を補足

SE募集であれば過去に手がけたシステム、製造関連技術者であれば製品の内容は必ず聞かれる。回答の際、システムや製品の概要と特徴を説明するのは当然。加えて、実際の業務ではどの部分をどう担当したのかを、使用した機種名や作業の流れや環境的な条件、期間または作業速度などを含めて、なるべく具体的に説明していくこと。

これは面接担当者に技能レベルの判断材料を与えるためで、質問の狙いもそこ。複数の業務の中で、最も実力アピールにつながりやすいものを選んで話すのも基本テクニックだ。

質問2 マシンやプログラム言語はどんなものを使ってきましたか？

●モデルトーク

「以前の職場で使っていたマシンはAV2200で、ソフトはウィンドウズNTやSQL／Sを中心に使用していました。プログラム言語に関しては、C言語とVB、RPGはひと通りマスターし、実際のプログラミングにも活用していました。現在はJAVAとVAを勉強中ですが、自分自身の手応えとしては実務にも十分に応用できるレベルには達したように感じています」

アドバイス 習熟レベルにある専門知識や技能のほか新しいスキル習得への意欲アピールを

面接担当者が前職で使用していたマシンについて尋ねるのは、即戦力としてその会社が導入している機種に対応できるかどうかをチェックする目的がひとつ。同時に、使えるハードやソフトを聞くことで、実践における技術レベルを探ろうという狙いもある。

またドッグイヤーとも表されるほどハイテンポで技術革新が進むIT業界では、常に新しい技術をマスターしていこうとする意欲と向上心は欠かすことができない技術者の適性。ベテランであっても最先端の技術習得を目指す姿勢と具体的な努力内容を見せていくことが必要だ。

質問3 仕事に関連した専門誌を読むことがありますか？

●モデルトーク

「はい。『電気と生活』は定期講読しています。そのほか小型家電や雑貨デザインをとりあげている『MONOテクチュアル』、また『都市と建築』もよく読みます。仕事柄、オフィスビルに出入りする機会が多かったので、建築やインテリアにも興味をもつようになりました。電化製品が置かれる空間を考えることで商品開発の視点が広がり、より楽しく仕事に取り組めると感じています」

アドバイス 情報に対する関心度で向上心を示すほか視野の幅広さをアピールすることも大切

応募者の興味の方向性や最新技術に対する関心の深さ、自社製品とのマッチングを見るための質問だ。また当然ながら、常に意欲的に最先端の知識や情報を吸収していく仕事姿勢や意欲、自己啓発意識の度合いなどもチェックされる。

また注意したいのは、技術革新や社会環境の変化を背景にした業界再編やマーケット異変などが見られる分野では、視野の広さや豊かな発想力を求めている例が多いこと。あまりにも専門的なことだけに終始しないほうがベター。モデルトークのように、好奇心や柔軟性をもって仕事に取り組んでいることもアピールしよう。

9 マスコミ系職種／業務理解が第一条件

■制作関連職なら指示されなくても作品持参で

マスコミ系の職種では、応募者の経験値によって面接担当者とのやりとりも大きく変わってくる。

職種にもよるが、経験者の場合は「面接時に作品持参」と指示する応募先が少なくない。とくに制作関連職の場合は、指示されなくても作品持参は基本。作品を見せながら、クライアントの意向やターゲット層、企画意図と制作のうえの狙い、参加スタッフ、制作期間などを簡潔に説明していきたい。

またディレクターやプロデューサー経験者はチーム構成や各人の役割なども整理して伝え、リーダーシップとマネジメント能力を強調すること。

一方、未経験者に要求されるのが業務への理解だ。イメージや憧れでマスコミを志望する応募者への危惧が強いので、勤務条件や業務内容などの実態を把握したうえで臨んでいる姿勢をアピールしよう。

質問1 担当したいジャンルや具体的な記事の企画がありますか?

●モデルトーク

「はい、旅行関連の編集担当です。そのジャンルなら前職で得た知識や人脈も生かせると考えたのが、御社を志望した一番の理由で『○○』も愛読していました。『編集部イチ押しコース』の中で地元の最新行事や添乗員の行きつけのお店紹介など、雑誌の特性を生かした情報を加えると、より『○○』らしいと考えました」

アドバイス 入社後に手がけたい仕事の内容を明確にイメージしておくこと

この質問は、志望動機を聞く変形質問。業務への理解や目標の有無を尋ねることで、応募者の仕事への取り組み姿勢なども読まれている。

避けたいのは「何でもやります」などという回答。本人は意欲アピールのつもりでも逆効果。自分のやりたいことも不明確な人は、熱意の持続が困難で、勤続への危惧感も抱かれやすい。

答える際には希望するジャンルや仕事内容だけではなく、具体的に何をやりたいかという目標を添えるのがトークのコツ。それが即戦力になる知識や経験であれば、インパクトもある。

質問2 この業界にどのようなイメージをもっていますか?

●モデルトーク

「ひと言で表せば〝社会のための新しい価値づくり〟というイメージです。インターネットの普及で幅広い情報入手が容易になったため、一般の人々の商品やサービスを見る目も厳しくなっています。だからこそ、広告業界がPRや情報公開の手法を工夫することによって、消費者にもクライアントの事業にも、新しい価値を提案していく必要があり、そこに業界の役割があると思います」

アドバイス 自分なりの業界理解と現状分析、展望についてあらかじめ考えておく

この質問は、主に未経験者が業界についてどれだけ勉強し、正しい認識を抱いているかを見るためにされるケースが多い。同業界からの転職者であれば、最近の業界動向を掘り下げた質問も……。

ただし面接担当者は応募者の業界評論を期待しているわけではない。もったいぶった言い回しや〝情報リテラシー〟など専門用語の多用は避けたほうが無難。さらに突っ込んだ質問をされて窮地に陥る……ということにもなりかねない。

幼稚な言い回しは避けたいが、業界の現状と将来性について勉強した、基本理解があり自分なりの考えがある……の2点を示せれば十分。

質問3 前の職場ではリーダーとしての経験や部下を統括した経験がありますか?

●モデルトーク

「はい。直属の部下をもった経験はありませんが、顧客先への新事業提案プロジェクトでリーダーを務めました。社内の各部署から選抜した6人の編成チーム3組が同時プレゼンを行い、私のチームの提案が採用されて、マスタープランを納品しました。実作業でもメンバーのスケジュール管理や情報交換を徹底させ、効率よく仕事が進められましたし、評価も得たことで自信がつきました」

アドバイス どんな目的でどんな部下を何名、どう統括してどんな結果を得たかを説明

ある程度のキャリアの持ち主であれば、採用後の職場ではリーダーとして指導管理能力も不可欠になってくる。

その力量と可能性を測ろうとする意図をもつ質問だが、「リーダーの経験がある」と答えるからには、どんな目的でどんな部下を何名、どう統括してどんな結果を得たか……内容や責任範囲を具体的に説明していきたい。

モデルトークのように、チームの要となってスタッフ同士の協力体制を築き上げ、プロジェクトを無事に完了して評価された……などエピソードとしてアピールするのも説得力のある方法。

10 ユーザーサポート／職業資質を前面に

■コミュニケーション力と向学心が重視される

ユーザーサポートの募集は、応募条件つきで〝未経験者ＯＫ〟というものが目立つ。まずは応募先の条件をクリアすることが前提。よくある条件は、コンピュータ関連資格や対人業務経験など。専門的なスキルに関するハードルはさほど高くはないが、その分だけ、職業資質を厳しく問う傾向が見える。

とりわけ求人企業が求める資質は、コミュニケーション力。不特定のユーザーを対象に、電話口での会話を通じて目的のサポートを行う……というのが普通の業務スタイルでは当然のこと。

「接客経験、対人業務経験を評価しますが、事務職からの転職者が多いので、それをきちんと伝えてくれる人は少ない（情報サービス）」との意見も参考に。そのほか、業務対応のための知識習得に対して意欲的であることもアピールすべきポイント。

質問1 あなたは自分でパソコンをセットアップできますか？

●モデルトーク

「はい。昨年、パソコンを購入した実家の父に頼まれて、セットアップを行いました。私自身、それが初の挑戦でしたので、マニュアルを片手にずいぶんと時間がかかってしまいました。ハードの基礎も学んだ今なら、以前よりもずっとスムーズにセットアップできると思いますが、帰ったら改めて勉強しておきます」

アドバイス

未体験でも自信があることに関しては絶対に「経験なし」を強調しない

こうした特定のスキルを問う質問の場合は、ただ単に「経験がない」とだけ答えるのはNG。

ウソは禁物だが、経験がなくてもできる自信があることに関しては、言い方を工夫するのも、この職種に求められるコミュニケーション力である。

難問のときも同様。沈黙した後に、ひと言「…わかりません」と言うだけでは、ユーザーサポートは務まらない。答えられない場合でも「そこまで考えが至りませんでした。早速、勉強しておきます」などと、きちんと対応。常に新しいことを学んでいく姿勢もアピールして。

11 介護系職種／資格だけではNG

■根気や熱意など人間性が重視される

高齢者比率の増加で介護系職種のニーズは高いが、勤務環境、条件には厳しい面もある。その意味でも、この仕事に求められるのは、知識や技術ばかりではないことを覚悟しておくべきだろう。

食事・入浴・排泄などをサポートしていくうえでは、体力も不可欠。転倒などの危険を未然に防ぐためには注意力も欠かせず、精神と肉体の両面の強靭さが求められる仕事である。

有料老人ホームの求人も目立つが、介護関連の資格が必須条件になる例はむしろ希少。多くの場合、選考基準は一定の介護経験や人間性など。入所者とふれあい、その心身の健康状態を把握し、優しさと思いやりの心をもって根気よく対応できるか、さらには咄嗟の出来事やトラブルにも臨機応変に対処できる人か……などが重視される。

質問1 人と接するうえで大切なことは何だと思いますか？

●モデルトーク

「無理にコミュニケーションをとろうとするよりも、聞き上手になることが大切だと思います。仕事をするうえでも、まずは相手の気持ちを理解し、その要望を的確につかむことで、よりよいサービスを提供していくことを目標にしています。そのためにも、敬意をもって相手の話を受け止めることから始めたいと考えています」

アドバイス 日頃から実践していることを自分の言葉で話すのがコツ

対人的な資質や適性を探るための質問で、「この仕事に大切だと思うことは？」というパターンや「仕事の中で心がけていることは何か？」という聞き方をされることも多い。

福祉に携わる介護職も、突き詰めてみれば人に満足を提供するサービス業のひとつだ。そうした自覚をもっていることが、介護される側との信頼関係を築くうえで重視される。

素朴な表現でも、モデルトークのように自分が日頃から思って実践していることを誠実に話すことが、好感を得るポイントとなる。

12 派遣コーディネーター／判断力が問われる

■面接でも対人折衝に対する習熟度が問われる

派遣コーディネーターの仕事は、顧客先との折衝やトラブルの処理、派遣登録者へのカウンセリングなど、人が相手の業務。その分だけ、面接における質疑応答がどう運ばれていくか……やりとりの重要度が高くなるのが実情だ。

まずはなごやかに会話が進むように気を配ることが必須。加えて、ものごとに臨機応変に対応できる判断力、対人折衝に欠かせない洞察力も備えていることを印象づけるトークを心がけよう。

また、自分自身が派遣スタッフとして働いた経験があるならば、その点もセールスポイントとしてぜひともアピールしておきたい。顧客先である企業と派遣登録者との橋渡し役として、効率的に実務を進める能力も評価基準のひとつであり、その意味でも派遣スタッフとしての勤務経験は役立つからだ。

質問1 労働者派遣法やその改正についてどの程度までご存じですか？

●モデルトーク

「はい。派遣という働き方の環境整備に関する法律であることは存じております。対象職種が増えるなど、法律が順次改正されて、新たに『紹介予定派遣』が登場したときには大いに注目しました。働く人と実際の仕事内容、さらには職場とのマッチングという理想を実現するうえでは、画期的な方法ではないかと感じています」

アドバイス

知っているか否かが問題ではなく、答え方がチェックされている

「今朝の新聞の第一面を見ましたか？」「派遣の秘書の平均時給を知っていますか？」なども同様。

応募者の素顔や対人折衝力を見るために、面接担当者が繰り出してくるのがこの手の質問だ。

予期せぬ質問に慌てたり、即座に「わかりません」と回答を投げ出す、あるいは黙り込んでしまう……といった反応を示すようでは、不測の事態に臨機応変に対応するのはむずかしい応募者であると判断されてしまう。落ち着いて対応し、一般常識レベルの回答、あるいは理解している範囲の答えを述べればOKだ。

第6章

どう答える？ハンディに切り込む質問

弱点カバーでマイナスをプラスに転じる

ウィークポイントを突かれたら、どうしよう……。そう考えてドキドキしているようではダメ。採用選考でマイナス評価されがちな自分の弱点や欠点を予測して対応策を考えておくのは、「面接準備の基本」であると同時に「職業人の基礎力」だ。ハンディに切り込む質問は、面接担当者が抱く危惧や疑念を払拭して選考を有利に運ぶチャンス！

第一歩！

●応募先業界・職種には不要な高い学歴

求人広告の応募条件によくあるのは「高卒以上」「短大・４大卒以上」など。“以上”とあるのだから高い分には問題がない……と思うのは誤り。むしろ、一般の求人企業が期待している学歴は、その“以上”を除いた記述部分と考えてよい。高すぎる学歴が、ときにハンディとなることも知っておこう。例外は、外資系企業や企画開発職、教師・講師などへの応募。それ以外のケースでは、有名企業や役所出身者と同じく“ブランド”によって抱かれがちな各種の懸念を払拭して。

●本人は意識していなくても“結婚適齢期”の未婚者

結婚はプライベートな問題。だが職場では結婚に伴う退職や休暇取得・転居・残業や転勤など勤務対応への変化・社会保険関連の手続きなど……さまざまな関係事項が発生。「結婚予定があるか？」と聞かれたら、それらに答えていく必要がある。やっかいなのは質問もなく“適齢期”というだけでハンディとされてしまうケースがままあること。それに該当すると感じる年代の応募者は、十分な注意が必要だ。勤続意思や応募先での将来目標などを伝え、結婚に左右されない仕事姿勢を伝えていこう。

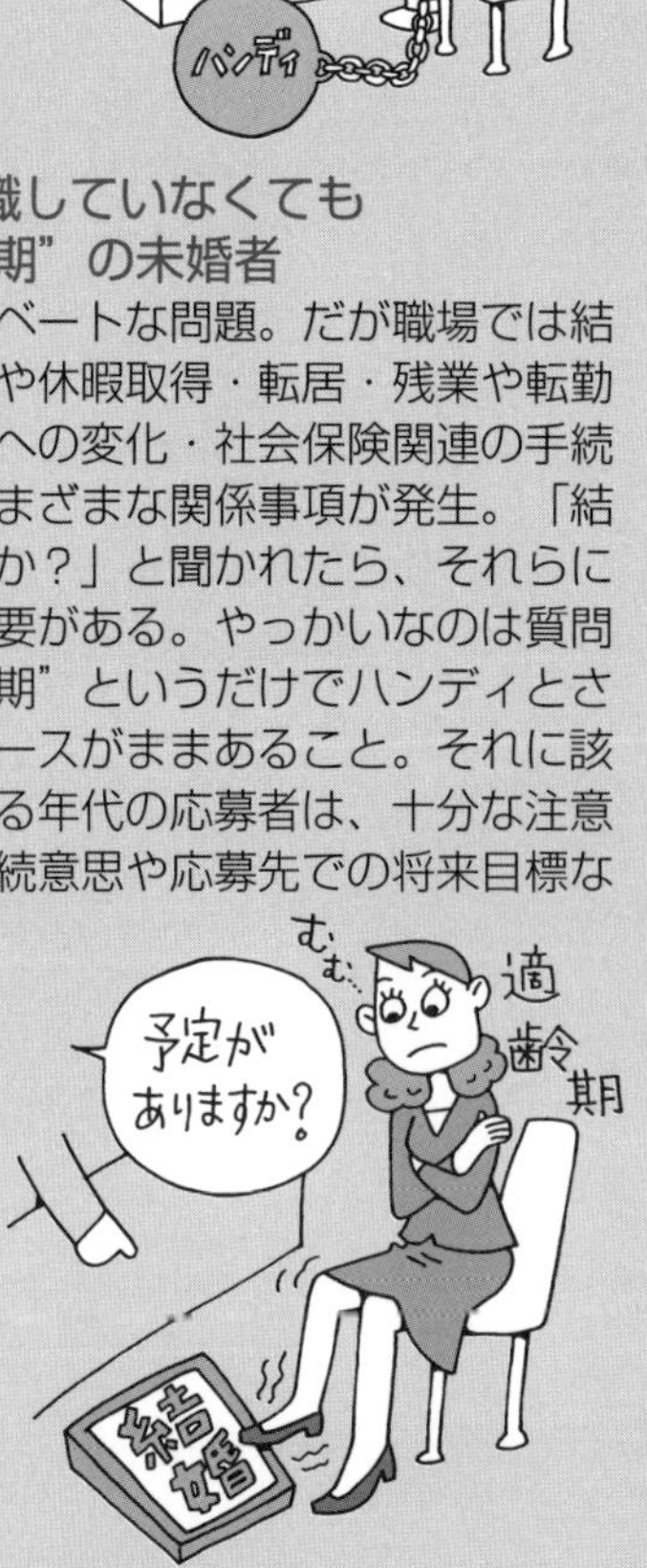

●こだわりの趣味や行動傾向が目立つプロフィール

「積極的・行動的、失敗を恐れずチャレンジ」といった人柄を伝えれば好印象のはず……。だが、それが逆効果になることもある。とくに気をつけたいのは「現在もＯＢとして大学山岳部に所属」「趣味はバンド活動、練習を継続」「知人とアイデア商品の研究・開発、特許出願多数」といったプロフィール。長期休暇の取得や残業対応への支障、またサイドビジネス、早期退職の可能性を懸念させる発言は避けるべき。もし履歴書にそのような記述をしていたら、必ずカバーを。

●応募先の雇用・契約形態で働いた経験がない

正社員や契約社員、パート・アルバイトのほか、派遣スタッフ・業務委託・代理店契約など……昨今は労働契約形態も多様化。それぞれ働き方や賃金支給のしくみが違うのはもちろん、心構えも変わってくる。応募先が懸念するのも“そこ”。まずは契約形態の内容を理解。そのうえで「正社員経験のみで業務委託の店長に応募」なら経営意識や責任感など、「派遣スタッフやアルバイト経験のみで正社員に応募」なら“就社”の意識や勤続意思などのアピールが必要だ。

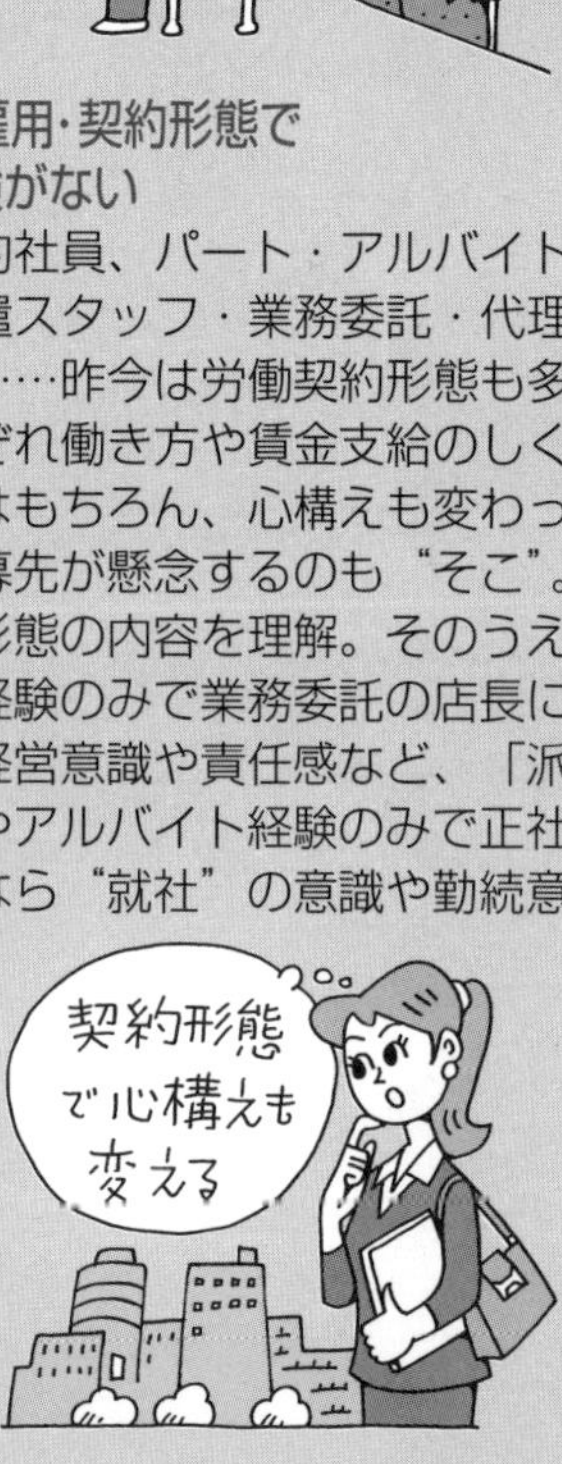

自分のハンディを知ることがカバーの

あらかじめ弱点・欠点を補強するポイントをつかんでおけば、
カバートークでマイナスをプラスに転じることも可能だ。
「自分の弱点は十分に承知している」という人は、
履歴書作成の段階からカバー情報を盛り込んで準備するはず。
だが、ときには選考で問題にされている自分のハンディを
面接の現場ではじめて知ることも……。

これも不利？……知っておきたいハンディの例

●履歴書の職歴欄に脈絡のない資格・検定がズラリ

〈英検〉〈MOUS〉のほか〈校正技能〉〈色彩検定〉〈ホームヘルパー〉〈医療事務〉など、一貫性の感じられない資格・検定名が並んだ履歴書の記述……。それがハンディになることも。有利なアピールと思った本人の意図に反し、「一体この応募者は何を目指しているのだろう」と不審を抱かれたり、興味が横滑りしていく志向から勤続への疑念をもたれるのだ。“もっている資格”は何でも書いたほうが有利というのは、業務に役立つ資格のこと。履歴書の書き方から再検討して。

●いくら「通勤可能」を伝えても自宅が遠い事実

自宅が遠くても、無遅刻無欠勤……。それでハンディ・カバーができるケースもあるが、応募先によってはNG。問題にされるのは会社が負担する〈通勤交通費〉の額だ。人件費として考えれば〈基本給〉も〈通勤手当〉も支払うことに変わりはなく、厳しい経営環境の中では遠距離通勤者の採用を避ける傾向があるのも実情。とくに〈通勤交通費全給〉の応募企業では注意！入社意思が揺るがないなら「通勤交通費は一部自己負担しても構いません」と言うくらいの覚悟も必要。

●有名企業や役所で勤続したキャリア

一部上場企業で勤続、あるいは公務員出身……。それが採用を尻込みさせる理由になることもある。「なぜ、あえて転職する必要があるのか？」「ウチの職場になじめるのか?」「上意下達の指示待ち傾向のある人では？」といった、待遇を含めた職場環境のギャップの大きさによる懸念を抱かれるからだ。応募者に“ブランド”を鼻にかける傾向が見えればなおさら。明確な志望動機、協調性や順応性の強調などとともに、謙虚な姿勢で一からのスタートをアピールしたい。

1 「実務未経験」のハンディ

■単なる〝精神論〟ではライバルに勝てない

転職希望者がよく誤解しているのは、求人広告の〈未経験者歓迎〉という言葉の意味。「この会社は未経験者を優先的に採用してくれる」と思い込んでいる……。ところが実際は大違いで、中途採用企業が求めているのは実務経験者。求人広告の〈未経験者歓迎〉という記述は、単に「未経験者の〝応募も歓迎〟していますよ」という意味でしかない。

というわけで、もし応募先企業に採用人数を大きく上回る応募があり、面接に集まったライバルの中に経験者が多数いれば、未経験者が抱えるハンディは非常に大きい。面接担当者から「今回は、経験者の応募が多いのでねぇ……」といった言い訳めいた発言があるようなら、サバイバルのために全力でハンディ・カバーをする必要がある。

その際、最も注意したいのは〝精神論〟ではいけないということ。気持ちのうえだけであれば、何とでも言える。「一生懸命、本当に命がけで頑張ります」などと訴えても不十分。意欲が本物であり、未経験でも〝使える〟応募者であることを伝えるには、何らかの〝裏づけ〟が不可欠。それがあって、はじめてハンディ・カバーになる。

■未経験者だからこそ〝経験〟をアピール

まず伝えたいのは、明確な志望動機と意欲。将来目標はもちろん、未経験の仕事に就くために「資格を取得した」「独学で○○知識を習得した」などの行動実績をアピール。気持ちでなく、具体的な努力の〝経験〟でないと説得力がない。また応募先の業界や仕事と接点をもった〝経験〟も、業務への理解を示すうえで効果がある。

そして何より重要なのは、スキル面の〝経験〟アピールだ。応募先企業で応用できる業務知識や基礎技能があれば、ハンディの埋め合わせになる。たとえばパソコンスキル、接客業務、社内部門間の調整業務、後輩指導など。職歴の浅い人なら『新人研修』も評価対象のひとつ。履歴書や職務経歴書に〝職歴〟として書くほどではなかった補佐業務でも、志望に関係することなら基礎力の証明に。少しでも効果的な埋め合わせ要素を見つけるために、これまでの自分の〝経験〟を洗い出しておこう。

まったくの未経験でやり遂げる自信がありますか？

○ ×

●NGトーク

「実際にやってみないことには何とも言えませんが、どんなことでも大切なのはチャレンジ精神だと思っています。それと、この仕事に役立つかどうかわかりませんが、社内プロジェクトの進行管理の経験もあり、パソコンはMOT資格があります。採用されましたら、仕事に必要な知識をどんどん覚えて頑張るつもりです」

●OKトーク

「はい。秘書は未経験ですが、事務職のキャリアは長く、パソコンの操作やビジネスソフトの活用には自信があります。前職では、図表入りの会議資料や視覚効果を考えた企画書などの作成も手がけていました。また、営業と開発セクションを横断する社内プロジェクトのパイプ役となり、部門間調整や進行管理を行ってきた経験は、上司のスケジュール管理や社内外調整などの業務に役立つに違いないと自負しています」

質問の狙い＆アドバイス

大げさな表現も謙遜しすぎもNG 自信をもって実力を伝えたい

この質問は、応募先での主業務が前職と変わる場合によく聞かれる。たとえば販売・営業から事務職や技術職、あるいは事務から秘書受付・ユーザーサポート・技術職を志望した場合など。ときには「仕事内容は、まったく違いますよ」などと、少々、イジワルな言い方をされることもある。

「応募職種については未経験でも、この点なら会社に貢献できる……と言えるものがある応募者かどうかを知りたい。仕事内容に対する理解度や姿勢もわかりますから（運送）」というのが面接担当者の狙いだ。

NGトークのように「やってみなければ何とも言えないが」などと、自分でエクスキューズを出してしまうようでは仕事に対する心構えを疑われて、その後の意欲アピールも台無しになる。

OKトークのポイントは、前職場での担当業務を分析し、それが応募先でどう役立つか面接担当者に解説していること。こうした回答は志望職種の業務内容を理解していることが前提になるので、その面のアピールにもなり説得力がある。

また「自信があるか？」という質問で、よく使われてしまうのが謙遜表現。「○○経験は少々あるのですが、お役に立つでしょうか？」といったへりくだった言い回しはNG。本人は謙遜したつもりでも、いかにも自信がなさそうに聞こえる。また実力者が言った場合は、逆に鼻持ちならない印象を与えることもあるので避けたほうが無難。

この仕事を志望するに当たって何か勉強をしましたか?

●NGトーク

「とくに勉強はしていませんが、総務・人事の仕事は同じオフィスワークなので前職の事務との共通部分が多くあり、実務はこなせるだろうという自信があります。ただ、この仕事でキャリアアップするには、社会保険事務に関する知識をもっていると有利だと聞いていますので、これから勉強したいと考えています」

●OKトーク

「はい。未経験の仕事なので、少しでも役立つ知識を習得しようと考えました。総務・人事のエキスパートを目指すには社会保険事務の知識が欠かせないと聞き、退職後、すぐにテキストを購入して勉強をはじめました。スタートしたばかりなので、まだ各制度の概要や書類による届け出や手続きが必要なケースを大まかに理解した程度です。これから実務を通して学んで、体系的に理解していくことが必要だと感じています」

質問の狙い&アドバイス

「入社後に勉強します」ではNG「すでにスタート」の実績を伝えたい

熱意の裏づけとなる行動実績を尋ねて、志望職種に対する意欲と向学心の度合い、また貢献意識を探ろう……というのが、この質問の狙い。

求人への〝応募条件〟とはされていない業務関連の知識・技能を、あらかじめ身につける努力をする人かどうか……は大きな選別要素。ましてや、即戦力を期待できない未経験者である。少しでもハンディを補って、いち早く会社に貢献しようという意識があるかどうか……も、面接担当者がチェックしたいところ。その2点が応答に対する評価ポイントになってくる。

「当社では入社後研修を前提に未経験者を採用していますが、キャッチアップの速さは個人差が大きいのが事実。入社したら○○資格にもチャレンジするつもりだ……などという応募者もいますが、本当に意欲も向学心もある人は、求職活動中に何らかのアクションを起こしていますね。当社としては効率の面からも、そういう方でないと困るわけです（情報サービス）」という求人企業もある。NGトークのような答えでは、とうてい採用されないだろう。

意欲や向学心をアピールするには、「入社したら勉強します」では遅すぎる。すでに「勉強をスタートしている」ことを伝えなければいけない。ウソを言うことはできないが、応募に当たって業務関連のビジネス書をたとえ1冊でも読んでおけば、OKトークのような応答が可能になる。

せっかくの前職経験を捨てるのはやりがいがなかったということ？

●NGトーク

「簡単に言えばそうかもしれません。これまで自分なりに一生懸命に営業をこなしてきましたが、やはり好きな英語を生かせないということで不満足感が残り、やりがいという点では、いまひとつでした。御社のように実際に海外と折衝する機会が多い仕事であれば、やりがいを感じて頑張れると思い、応募させていただきました」

●OKトーク

「周囲の方にはそう見えるようです。でも私の考えは違い、前職では対人折衝を通じて役割を達成することに大きなやりがいを感じてきました。努力や工夫が数字になる仕事を通じ、ビジネス感覚も身についたと思います。分野は異なりますが、御社ならそうした営業経験も生かせると判断して志望しました。英語力、アメリカ在住経験などをベースに、御社で海外担当プレスとして新しいキャリアを積み、長く貢献したいというのが目標です」

質問の狙い＆アドバイス

前職経験を否定するのはNG 仕事に対する姿勢を疑われる

この種類の質問は、前職のキャリアが目立つ未経験者の場合に、よく聞かれる。とくに応募者が殺到する、いわゆる〝人気企業〟や〝人気職種〟の求人企業で登場する傾向がある。

志望動機や転職理由にもからめて、仕事姿勢を突っ込んで聞く変形質問だが、面接担当者に「この応募者は、いままでどういうつもりで仕事をしてきたのか……」といった疑念があるせいか、ほかにも「前職のほうがあなたには向いているのではないか？」など、とかく表現がきつくなる。

とくに注意すべきは、質問の言い回し。この表題のような聞き方をされた場合は、うかつに答えてはいけない。これは、応募者からNGトークを誘導する、一種の〝引っ掛け質問〟にもなっているからだ。言うまでもないが、やりがいを感じるか否かは本人の取り組み方次第。応答によって仕事姿勢が厳しくチェックされる。加えて、前職経験をどう捉えているかも重要な採用選考の評価基準になる。

こうした聞き方をされて、「はい、簡単に言えばそうです」などと言うのはNG。もし言えば、「やりがいがなかった前職に見切りをつけて、夢のある仕事を求める〝自分探し〟が転職の目的です」と答えるのと同じようなものだ。

OKトークを参考に、前職の業務経験をどう生かすか・応募先で何をしたいか・できるか……などを慎重に答えていくようにしたい。

2 職歴関連のハンディ

■立派な職歴がハンディになることもある

キャリアがある人ほどカン違いしがちなのが、自分の実務経験を〝絶対的な切り札〟と考えてしまうこと。自信たっぷりに、自分の経験の幅広さについて〝演説〟をしてしまう応募者さえいる。

確かに、中途採用では即戦力になる経験者のほうが有利。だが、応募先企業が求めるのは〝幅広い経験〟ではなく〝役立つ経験〟である。しかも、そのニーズは多様。場合によっては、立派なキャリアが敬遠されてハンディになることもある。

主な理由は「当社のやり方になじめないのでは」「態度が横柄で扱いづらそうだ」といった印象のほか、待遇・給与面の折り合いをつけるのがむずかしい……など。キャリアのある人は、こうしたマイナス面の存在も意識すべき。実力者ほど〝おごらず、へり下らず〟という面接姿勢を貫きたい。

■転職回数が多くても隠すのはタブー

また、面接の職歴アピールで心がけたいのが具体性だ。たとえば〝流通業界の営業〟といっても、専門店チェーンでの経験と百貨店での経験では、実務内容も微妙に違う。その点を曖昧にすると、せっかくの実力が伝わりにくいだけでなく、業務理解の不足を露呈することになってしまう。

そのほかハンディとなりがちなのが、転職回数の多さ。頻繁に転職を繰り返している応募者は「簡単に会社を辞めてしまう人」と見られ、面接担当者のチェックが厳しくなってしまうからだ。

だが、短期間だけ勤めた会社を履歴書からも省き、隠すのはタブー。たとえ数ヵ月でも正社員として勤務した会社なら、〝職歴〟として伝えるのが基本。とくに、直前の職場は採用企業に提出する《雇用保険の被保険者証》にも社名が記入されているため、隠していると入社手続きの際に問題になりがち。最悪の場合は〝経歴詐称〟となり採用の取り消しにつながることも……。

やはり職歴は正直に伝えて、ハンディについてはカバーしていくのが賢い方法。やむをえず短期退職した理由を説明し、応募先企業への勤続意思をアピールして面接担当者に納得してもらうことで、採用選考への支障も最小限に押さえられるはずだ。

経験があってもウチのやり方は違いますよ。

●NGトーク

「もちろん心得ております。御社ならではのカラーはあると思いますし……。でも販売職としてやるべき基本的なことは同じだと考えています。最も大切なのは、お客さまとのコミュニケーションをしっかりとることで、いままでもそういうスタンスで販売の仕事に取り組み、成果をあげてきました。御社でも、これまでと同じように貢献していける自信があります」

●OKトーク

「はい、おっしゃる通りだと思います。将来的には店長になることを目指していますが、これまでの経験を生かすうえでも、当面は新人のつもりで御社の方針を身につけていきたいと思います。以前の職場でも年下の店長のもとで楽しく働いてきましたので、スタッフの年齢や経験レベルに関係なく、早い時期に職場に溶け込んでいく自信があります」

質問の狙い&アドバイス

具体的な目標をあげるだけでなく新しい職場への適応力もアピール

前職でも同じ仕事に就いていた応募者の場合は、この種の質問もよくある。とくに販売・営業職やサービス関連の応募、また企業独自の業務オペレーションをもつ会社で多く聞かれる。

中途採用では基本的に経験が重視されるものの、一面では他社でキャリアを積んできたことに対して「当社の社風や業務のやりかたになじみにくいのでは……」という懸念があるからだ。

NGトークのように、自分の経験や実績に対する自信やプライドを前面に押し出すと、「もう自分のスタイルがあって、柔軟性に乏しい」と判断されてしまう。では、経験や実績をアピールしないほうがよいか……というと、それも考え違いだ。単に「他社のカラーに染まっていない人」を採用したいなら、応募先企業は未経験者を選ぶはずだからである。

アピールできる経験や将来目標ははっきりと伝えなければいけない。そのうえで、これまでのやり方にこだわらず、新しい職場に溶け込んでいく柔軟な姿勢を示すのが正解。「新人のつもりで」「初心に戻って」も、効果的なキーワードだ。

またOKトークのように、職場の年齢層が自分より若くなったり、当面の上司が年下になる可能性についても配慮し、カバートークを加えていくとベター。

転職回数が多いのには何か理由があるのですか？

○ ×

●NGトーク

「はい。最初の2社は業績不振で、待遇面でも問題がありました。社内の雰囲気も悪くて仕事に集中できず、安定した職場を求めて転職したのです。ところが、前の職場は非常に体質が古く、自分を生かしにくい社風でした。また、長く働いても契約社員のままという雇用形態も心配でした。そこで、業績も好調で正社員登用制度もある御社なら将来的にも安心だと考え、応募しました」

●OKトーク

「はい、最初の2社については不本意な転職でした。勤続を考えていましたが、経営不振で勤務条件が変わったため、退職せざるをえなかったのです。3社目は契約社員で更新も可能でしたが、正社員への登用制度がない点が不安でした。長く勤務してキャリアを積み、会社に貢献できる環境を求めて転職を決心し、〝長期勤続歓迎・正社員登用制度あり〟とある御社に応募しました」

質問の狙い＆アドバイス

長々と言い訳をするのはNGポイントをまとめて簡潔に

転職回数が多い応募者は、「簡単に会社を辞めてしまう人」というだけでなく、同時に「採用しても勤続の期待はできない人」「責任感や目標達成意欲がない人」「トラブルを起こしやすい人」といった印象も抱かれてしまいがち……。

何回以上を〝転職が多い〟と見るかは、業界や職種、応募者の年齢などによっても違う。ちなみに事務系では、2年以上勤続した会社がなく、かつ2回以上の転職を経験している場合なら、ハンディと見なされると考えたほうがいいだろう。

そんな応募者に対し、この質問がよく投げかけられるのはなぜか……。実は「納得できる理由さえあれば、転職回数の多さはハンディとは考えません(飲食)」という見解があるからだ。この質問はイジワル質問ではなく、ハンディ・カバーをせよ……という面接担当者の助言と考えよう。

ここで伝えるべきは、面接担当者が納得のいく転職（退職）の理由と勤続意思の2つ。まず転職理由は、モデルトークのような「やむをえない理由」、あるいは「一貫性をもった前向きな理由」があればOK。そうした理由を踏まえて「この会社なら長く勤務できる」「今回が最後の転職」といったように勤続意思をアピールしたい。

注意点も2つ。まず話は簡潔に。言い訳がましいクドクドとした長話はNG。また前職場を悪く言うのもNG。「職場運がなかった」「待遇に問題があった」などと言えば、墓穴を掘るだけ。

転職するたびに違う仕事に就いたのはなぜですか？

○×

●NGトーク

「自分に合う仕事が見つからないので、とにかく興味のあることに積極的にトライしてみよう、と考えたのが理由です。〝好きこそものの上手なれ〟と言いますが、やはり実際にやってみないと判断はつかないと思いました。チャレンジ精神は誰にも負けませんし、幅広い体験をしたり勉強もして、視野が広がったことは御社で働くうえでもムダにはならないはずです」

●OKトーク

「新卒時に、職業の選択に迷ったことが最大の理由です。自分が本気で取り組める仕事に出会いたいという思いで、雇用形態にこだわらず複数の職業を体験しました。この仕事を知ったのは1年前で、以降は、働きながら○○の勉強もしてきました。前職場では後輩指導を任されたり、契約更新の話もありましたが、自分の目標を達成したいと考え、今回を最後の転職と考えて応募いたしました」

質問の狙い＆アドバイス

勤続できる理由を伝えるとともに仕事に対する姿勢もアピールしたい

複数の職場をフリーターのように転々とわたり歩き、しかも転職の度に異なった職種に就いている……そんな応募者に対してぶつけられる質問。

NGトークのような答えは、非常にマイナス。「興味の対象が次々と横すべりしている……。そんな印象のある応募者には、いくら強く意欲のアピールをされても、この仕事もすぐに飽きるのではないかという警戒感をもちます(マスコミ)」と考える面接担当者が多いからだ。

ハンディを自覚する応募者に必要なのは、事前の職歴を整理してみること。たとえ業界や職種が違っていても、自分のキャリア形成のうえで役立つ〝何らかの一貫性〟があれば、そこを説明して「キャリアアップのために必要だった転職」と回答しても説得力がある。

しかし、そうした一貫性も見出せないときのハンディ・カバーは、単に勤続意思のアピールだけではダメ。仕事に対する姿勢にも疑念をもたれないよう、慎重に答えていきたい。

OKトークは、ひとつの例。このポイントは3つ。(1)勤続意思の裏づけとして、思いつきで応募した志望職種ではないこと (2)意欲アピールの裏づけとして、すでに○○の勉強をはじめていること (3)真面目な仕事姿勢の裏づけとして、前職場での役割や評価……を説明に織り込んでいる。さらに、これまでの職歴を通じて応募先企業に役立つ経験があればアピールしていくとベター。

前職場をすぐに辞めたのは、何か事情があったのですか？

●NGトーク

「はい。私が前職場に転職したのは、もともと担当顧客と密な関係を築けるような営業職になりたいと考えていたからです。ところが入社してみると、どうも話が違う部分も多く、何よりもなかなか担当をもたせてもらえませんでした。上司にも再三アピールしたのですが、どうも受け入れてもらえない状況でしたから、自分のやりたい仕事をするため早く決断すべきだろうと思いました」

●OKトーク

「はい、実は家庭の事情です。前職場に入社して間もなく家庭内である問題が起き、私がその対応に当たることになりました。前職場に不満はありませんでしたが、不本意ながら退職せざるをえなかったのです。その問題も解決し、仕事に打ち込める状況になりましたので、経験を生かすかたちで改めてキャリアを再スタートさせようと考え、長期勤続を希望して御社に応募いたしました」

質問の狙い＆アドバイス

事実を客観的に説明できるようなら本当の退職理由を伝えてもいい

前職場を短期で退職……その理由を問う質問だが、面接担当者が知りたいのは応募者のこと。どの程度のことで決断をしたのか、人間関係などで問題を起こしやすい人ではないのか……など、仕事姿勢・職場適性に対する疑念から聞かれている。

もし、退職の理由が前職場の業績悪化による人員整理、あるいは入社時の労働契約との重大な相違など、本人の責任が及ばないところにあるなら、真実を話してOK。被害者めいた言い方でなく、客観的に簡潔に伝えるのがコツだ。

むずかしいのは〝重大〟とは言えないレベルの勤務条件の相違が理由……というケース。話の内容が前職場や上司の批判になりがちなので要注意。

またNGトークにも注目。「転職目的だった担当顧客をもたせてくれない」「上司に再三アピールした」と条件相違を主張しているが、こうした話から面接担当者は「この応募者には、上司が担当顧客を任せるのを躊躇させる何かがある……」と感じてしまうもの。「どうも話が違う部分が多い」というのも、細かな待遇面に関する不満ととられ「当社に入社しても似たようなことが起きかねない……」と思わせてしまう。

よく聞く「残業が多くて体力的にもたなかった」などという理由も避けたほうが無難。せっかく入社した会社を短期で辞めた理由として、客観的に納得を得られるだけのものがなければ、OKトークのように逃げるのもひとつの方法である。

ブランクが長いですが、退職後に何かしていたのですか？

●NGトーク

「とりたてて〝何かをした〟というようなことはありません。途中で心身のリフレッシュのために海外旅行はしましたが、自分としては焦らずに、いい会社を探そうと思っていたので、さほど長いブランクとは感じていませんでした。仕事の情報収集をしたり、転職雑誌を読んだり、数社への応募活動などをしているうちに、あっという間に時間がたってしまいましたので……」

●OKトーク

「はい、実は退職を機に2ヵ月ほど郷里に戻り、実家の商売を手伝っていました。その後、転職活動を始めましたが、未経験で目指す○○○に就くためには××の資格が不可欠だと知り、スクールに通って専門知識の習得と資格取得に専念してきました。その資格を生かして御社に貢献し、実務を通して知識の向上を目指していきたいと考え、今回の求人に応募しました」

質問の狙い＆アドバイス

ブランクの間も再就職に向けて努力していたことを伝えよう

どのくらいのブランクを〝長い〟と感じるかは考え方にもよるが、ごく一般的なケースから言えば「前職場を退職して3ヵ月」がひとつの目安。失業期間が、それ以上ならカバーを心がけたい。

実際のところ、多くの転職者はブランクが長びいてくると、当初の意欲が衰えてくるもの。ビジネス感覚が鈍ったり、実務能力が低下することも否めない。しかも「数多くの会社で落とされる理由がある応募者では？」「入社できればどこでもいいと考えているのでは？」との疑いも……。

NGトークは、あまりにも無防備。これでは面接担当者に「相当アチコチ落ちている応募者」と思われたり、就業意欲や仕事姿勢、業務スキルの衰えを疑われても仕方がない。それらをチェックしよう……というのが、この質問の狙い。厳しくなりがちな選考を覚悟し、十分な備えがほしい。

OKトークは、参考例。このように失業期間が2ヵ月以上になった時点で、仕事関連の新しい知識・技能習得の実績をつくっておくのが理想。スクール通学や免許・資格の取得ならベストだが、内容によっては「現在、独学中」でもOKだ。

また海外留学に関しては、伝え方に注意が必要。「長期ブランクの理由に海外留学をあげる人は多い。でも何を目的にした留学なのか、志望との関係があいまいだと言い訳としか聞こえません。最近は、趣味の海外遊学ツアーもありますから（小売流通）」という見方もあることを知っておこう。

3 応募に関係したハンディ

■面接まで進んでも〝安心〟してはいけない

求人広告には募集職種や雇用形態のほかに、〝応募条件〟もよく記載されている。多く見受けるのは、所持資格・経験の有無・最終学歴・年齢など。この主な目的は、選考の効率を考えてのこと。職場や担当業務に必要な条件を示すことによって、不必要な応募者の増加を防ごうとの狙いがある。

若干名の採用に対して、数百名の応募者が集まるケースも珍しくないのが昨今の転職市場。選考方法も「履歴書持参の面接」から「書類選考で選抜後に面接」と変更する企業が増加傾向にある。求人広告の段階から条件を掲げて、応募者を絞り込まないことには選考に支障をきたす……というのも実情だ。

こうした応募条件を、満たしていなければ選考で不利になるのは当たり前。ところが、ここで多くの応募者がカン違いするのが、面接まで進んだことで「ハンディはクリアされた」と思ってしまうこと。

だが、電話で問い合わせて〝応募ＯＫ〟とされたり、書類選考に残ったからといって、応募条件の欠落要素が満たされたわけではない。面接では、条件のすべてを満たしているライバルと比較されるのだ。カン違いの〝安心〟で、パワーダウンは禁物。面接でも、引き続きハンディ・カバーが不可欠だ。

■面接で未消化の要素は「礼状」でフォロー

また、何度も述べるようだが面接は短時間で終了してしまうことも多い。ハンディのことも話題にならないまま、質疑応答もアッサリ完了……。実は恐いのが、そんなケース。応募条件を満たしていないことは面接後の選抜判定で必ずチェックされ、最初の〝ふるい落とし材料〟になる可能性が高い。

もし面接でカバーできなかった場合に、おすすめしたいのが面接後の「礼状」でのフォロー。帰宅したら、即座にハンディ・カバーの内容を盛り込んで面接担当者への礼状を書き、投函しよう。

内容要素は、⑴冒頭語と面接対応へのお礼 ⑵話を聞いて入社意欲が高まったこと ⑶ハンディとそれをカバーする〝売り〟に関するコメント ⑷貢献意欲のアピール ⑸末尾あいさつ……といったもの。選考が終わってから届くのでは無意味だ。ハガキでＯＫ。〝面接後すぐさま〟というタイミングが勝負。

応募条件の○○資格はないのですね？

●NGトーク

「はい。でも、その件に関しましては事前に電話で確認したところ、人事の……あのお名前は聞きもらしましたが、女性の方とお話をしまして、資格と同レベルの実務経験があればかまわないと言われ応募しました。やはり、資格がないとダメなのでしょうか？　応募条件の簿記2級レベルの知識はあると思うのですが……」

●OKトーク

「はい。選考対象にしていただきありがとうございます。資格はありませんが、実務を通して簿記の知識を習得し、以前の職場では試算表の作成や決算も担当していました。応募条件である簿記2級レベルに相応する業務には、十分に対応していく自信があります。また、今回の転職では改めて資格の重要性も感じまして、現在は○月にある次回の検定試験で、2級と1級の同時受験にチャレンジする準備を進めています」

質問の狙い＆アドバイス

取得可能な資格を取る手間も省く怠慢な応募者と思わせないことも大切

「○○資格者に限る」「○○2級以上」など特定の資格が応募条件に掲げられている場合、それをもたない応募者はあらかじめ求人先企業に電話で問い合わせ、了承を取りつけたうえで応募書類を送付したり、面接予約に臨むのが普通。

一般に「税理士」や「看護士」といった職業資格、また事業所に取得者設置が義務づけられている「宅建」や「薬剤師」などは、応募に〝必須〟とされるが、それ以外の取得資格に関する条件は比較的ゆるやか。相応する実務経験があれば、選考対象とする……という求人企業が多い。

だが、事前の了承手続きを経ても、実際の面接の場でこのような質問を投げかけられるケースも少なくない。狙いは、業務スキルの確認。要求されている資格と同レベルの知識・技術があることを、具体的な実務経験によって説明すればOK。この説明を確実に行うためには、事前に資格の概要を調べておくことも不可欠だ。

また注意すべきは、転職に当たって志望職種の応募条件とされがちな資格さえ取得しない……と〝心構えや意欲の欠如〟を感じる面接担当者が少なからずいること。試験がひんぱんに実施されている資格では、なおさら。それを配慮すれば、OKトークのような応答が望ましい。NGトークのように言い訳じみた応答や「事前に了承したはずだ」と憮然とした態度を見せれば、社会人としての基礎力まで疑われてマイナス。

自宅が遠いようですが、通勤にムリはありませんか？

○ ×

●NGトーク

「はい、大丈夫です。地下鉄○○線を利用して、自宅から御社までドア・ツー・ドアで2時間ほどでした。以前の職場は、もっと通勤時間がかかっていたので朝が早く、ちょっと大変でしたが、このくらいなら通うのもさほどつらくないと思いました。残業も最終バスに間に合う21時くらいまでならこなせます」

●OKトーク

「はい、大丈夫です。地下鉄○○線が開通して以来、自宅から都心へのアクセスが一段とよくなって、最寄りの○○駅から大手町まで1時間ちょっとの所要時間でした。以前の職場もこの近辺にあり、以前はもっと時間をかけて通っていましたが遅刻・欠勤で迷惑をかけたことはありません。残業も結構ありましたが、21時までなら問題なく対応してきましたし、必要な場合はさらに遅くなることもありました」

質問の狙い＆アドバイス

遠くても通った実績を伝えれば効果的。前職場や学生時代の経験なども好例に

従業員にムリなく勤務してもらうことは、労務管理のうえでも重要なこと。応募者の住まいが勤務地から遠いと、面接担当者は勤務時間との兼ね合いで「本当に通いきれるだろうか？」という懸念を抱くことになる。

残業が長時間におよぶマスコミ・制作系職種、早番・遅番のシフトがある外食系企業などの場合、遠距離通勤は困難になりがち。

この質問は、それを確認するためのもの。もし、通常の勤務に支障なく通勤できる自信があるなら、そのことをキッパリと告げるべき。

NGトークのいけない点は3つ。まず、通うのは自分であり、それをツライかどうか決めるのも自分。単なる感想ではハンディ・カバーにならない。また残業対応を最終バスの時刻で区切るのもダメ。業務のうえで必要な残業には、対応していく姿勢を見せるのが基本。さらに通勤時間については、履歴書への記述と同じく「徒歩や待ち時間、乗り換え時間などを省いた最寄り駅からの最短時間」でいい。あえて長く言うのはソン。

通勤に支障がないことを納得してもらう方法としては、OKトークのように通勤実績をあげるのがイチバン。比較参考になる具体例なら、前職場のほか、学生時代の通学経験などでもいい。

また応募先によって、通勤交通費の高さが大きなネックになることも留意しておきたい。ケースに応じて「通勤交通費の一部自己負担もできます」といったひと言も必要。

この仕事に就いたのでは、せっかくの資格が生かせませんよ。

●NGトーク

「はい、承知しております。大学が児童福祉系だったので、一応〈保育士〉を目指して資格を取得しましたが、就職活動がうまくいきませんでした。そんなこともあって仕事の方向を見直し、御社に応募したのです。現在は〈保育士〉になることにはこだわっていませんから、しばらくは資格も寝かせておいていいと思っています」

●OKトーク

「はい、承知しております。〈保育士〉の資格は、高校時代の選択で児童福祉系の大学に進学したことで取得したものです。同じ資格でも、この仕事に就くことを目指して取得した〈MOT〉のほうが、現在の私にはより重要に感じられる……というのが正直な気持ちです。勤務の傍ら養成スクールで身につけたパソコンスキルをベースに、御社でユーザーサポートとしてのキャリアを積みたいと考えています」

質問の狙い＆アドバイス

現時点での目標が所持資格とは異なる分野にあることを明言する

専門知識や技術のレベルを証明する資格。それを履歴書に書くのは当たり前のこと。とりわけ難関資格に関しては、書かないと〝ソン〟と考えるのが普通だろう。しかし、ときには志望職種と関連性のない難関資格がハンディになることも。

「インテリア関連の難関資格があるのに、業界も異なる当社の一般事務に応募してきた人がいました。考えが理解できず、資格を生かせる職場が見つかるまでの〝腰かけ〟のつもりでは……と（印刷）」などと勘繰られることもあるからだ。

この質問は、そうした疑念を抱いて応募者の真意を探るのが狙いと考えてよい。ハンディを自覚せず、質問の狙いがわかっていないと、その疑念を払拭するための説明をできないばかりか、NGトークのように「しばらくは資格も寝かせておいてよい」など、面接担当者の勘繰りが当たっているような失言もしてしまうので注意したい。

だが、こうした面接での突っ込みを避けるべく、所持資格を履歴書に書かずにすますのは本末転倒。難関資格を取得できるだけの力量は、評価ポイントでもある。大切なのはハンディの存在を知っておくこと。そして、突っ込まれたら現在のキャリアの目標が指摘された難関資格とは別のところにあることをハッキリと説明。それだけで、このハンディは容易にクリアできる。OKトークを参考に、志望職種への意欲や勤続意思をアピールすればマイナス転じてプラスに。

4 個人的な事情によるハンディ

■無闇にプライバシーを主張しすぎてはダメ

本来、採用選考とは、応募者が就業規則通りの勤務条件のもとで目的の業務を遂行できるかどうかの視点だけで行うべきもの。業務とは無関係な本籍地や家族構成、思想や信条について尋ねることは禁止されている。だから家族内のことや育児のこと、また健康上の事情などに関する質問は、プライバシーの侵害であると抵抗感をもつ応募者が少なくない。

だが、面接でプライバシー保護を強硬に主張するのは考えもの。というのも、面接担当者には応募者に興味本位の質問をする余裕はないからだ。つまり聞かれるのは選考に必要なことだけ。もし面接担当者が個人的な問題に触れる質問を投げかけてきたら、その事柄が応募企業の選考のうえで自分のハンディになっていると考えて間違いはない。

■年齢・育児・健康状態など質問の狙いに注目

個人的な事情に触れる質問でも、まずは受け入れる姿勢をもち、なぜその質問が出たのか、面接担当者がなにを懸念しているのかに目を向けよう。

たとえば、よくあるのが「年齢に対する本人の気持ち」など。雇用対策法の改正によって、求人募集や採用の条件として年齢要件を設けることが厳しく制限されたため、若年者や中高年齢者にも採用の門戸が大きく広がった。そして、実際に実力者であれば年齢には関係なく業務は遂行できるもの。中高年齢層の応募者ならば、実力を伝えるために、業務スキルや資格、業界知識の深さや実績、人生経験からのコミュニケーション力など、プラス材料をアピールしていくのは基本となる。

しかし、それらのアピールが功を奏して実力が認められた場合でも、それとは別に「この人は年齢的に、うちの職場にうまく溶け込めるだろうか」という懸念をもって、それを確認していくのが面接担当者の役割であることを知っておきたい。

そのほか「転職に関する家族の発言」「子どもが病気になったときの対応」「病後の回復状態に対しての念押し」などの質問も、比較的よく聞かれるもの。これらについての実例トークを参考に、個人的な事情に触れてくる面接質問の狙いや対応のコツをつかんでおくといいだろう。

職場での年齢のギャップが気になりませんか？

●NGトーク

「まったく気にならないといったら嘘になります。自分なりに努力して、新しい情報には敏感でいるよう努力していますが、若い部下や後輩などと接していると、ついつい〝口うるさく〟なってしまうことがあります。しかし、年長者としてはそうした指導も必要だと思っていますので、少しくらい煙たがられても、若い人と積極的に接していくつもりです」

●OKトーク

「これまで、仕事で年齢を意識したことはとくにありません。感性や話題の点でも、若い社員との間にギャップは感じませんでした。前の職場は20代が多く、同僚や後輩からもよく相談事をもち込まれましたが、それも年齢的なことではなく、家族的な雰囲気の職場だったからだと思います。直属の上司をはじめ役職者にも年下の方がいましたので、そうしたことにも抵抗感はありません」

質問の狙い＆アドバイス

職場に溶け込んでいける感性の若さ、周囲をリードできる実力をアピール

この種の質問は、応募者の年齢が予想より高い場合のほか、職場の従業員の年齢構成との間に開きがあるときによく出てくる。

若いスタッフたちの間に年齢の高い人が入ることで、チームワークや士気が低下するのを防ぎたい……と考える面接担当者が、応募者の職場適性をチェックする狙いでよく聞くもの。

NGトークのような「ついつい〝口うるさく〟なってしまう」といったコメントは避けたほうが無難。また、非常にキケンなのは「年長者としてはそうした指導も必要」という発言。

応募先企業に採用されれば、あくまでも〝新人〟として入社することを忘れてはいけない。応募者自身が年齢に縛られていることも感じさせ、減点評価されても仕方がない回答になってしまっている。

面接担当者が抱く一抹の不安を払拭していくには、仕事と年齢は無関係であることを多面的に示していくとよい。とくに重要なのは、役職と年齢の関係に対するこだわりのなさ。OKトークのように、年下の上司のもとで働いた実績をアピールできれば説得力がある。

また、クリエイティブ職など感性が重視される職種では、旺盛な好奇心と最新トレンドに対する情報収集力などもしっかりアピール。実年齢とは無関係に、いつも若々しい感性をもっていることも印象づけていくといいだろう。

再就職することに対して、ご家族の理解は得られましたか？

●NGトーク

「はい。やっと子供からも手を離せる時期になったので、家にばかりいないで何か仕事をはじめたら……と、主人のほうからすすめてくれました。パソコン操作技能の習得にも協力的で、講座で習ったソフト活用の疑問点などについて答えてもらったりしています。応募先として御社を選ぶ際も、主人と相談して決めました」

●OKトーク

「はい。私が働くことには、もともと家族も賛成でした。ようやく通常の勤務が可能な環境が整い、繁忙時の残業への対応などもできるようになりましたので、求職活動をスタートさせました。家庭に入っていた間も、パソコン入力速度やソフト活用などのビジネススキルが錆びつかないように心がけていましたが、この春からは新たに英会話の勉強もスタートし、再就職を念頭に置いて努力してきました」

質問の狙い＆アドバイス

ビジネス感覚の欠如を思わせるワードは極力避けて答えていこう

この質問は、出産・育児や介護、あるいは病気療養など、何らかの事情で長く職場を離れていた応募者に対してよく聞かれる。これまでの生活のパターンを変えて、通常勤務するための態勢や心構えができているかどうかを確認するのが狙い。

家族の反対があると採用しても〝辞退〟の可能性も考えられる。また、とくに育児や介護は、本人だけの問題ではないため〝家族の理解〟と言い換えて、念を押している……と考えてよい。だが、問われているのは、そうした環境条件だけではない点を留意したい。

長く職場を離れていることで、ビジネス感覚や社会人としての常識が鈍っていないか、また業務に必要なスキルや知識が錆ついたり、技能レベルのギャップが生じていないか……なども応答からチェックされる。

NGトークは、とくに後者の意味からの悪い例。「専業主婦の期間が長かった応募者に多いのですが、質疑応答の中で〝主人が〟という言葉が何度も出てくる人がいます。独立した職業人としての意識やビジネス感覚をなくしているとしか考えられないですね（会計事務所）」という見方をする面接担当者が多いことも知って注意したい。

面接担当者の危惧を払拭するには、OKトークのように自分の意思で仕事への復帰を考えているという姿勢、技能のブラッシュアップ意欲を明確にアピールしていくことが大切。

お子さんが病気のときはどうしますか？

●NGトーク

「はい、うちの子はあまり病気もしないので、そういうことは滅多にないのです。でも、緊急時などは仕方ないですから、近所に住んでいる母に頼みまして面倒をみてもらっています。いつもは保育園に預けておりますし、多少の居残り保育には対応してもらえるので、少しくらいの残業も問題ありません」

●OKトーク

「はい、近所に実家がありまして、病気のときや緊急時には、母が子どもの面倒をみてくれることになっていますので、通常の勤務に支障はきたしません。また、普段は実家の協力を得なくても、仕事と育児を両立させられるように、保育園で延長保育を受けるように手続きをしましたので、残業にも通常に対応できます。ただ、前の職場では常に業務の効率アップを心がけ、できるだけ定時内に業務を完了させるようにしてきました」

質問の狙い＆アドバイス

不意の出来事への応対も考慮し、態勢が整っていることを説明しよう

男女雇用機会均等法も浸透してきた昨今だが、やはり小さな子どもや低学年の児童を抱える女性は、通常勤務への対応がむずかしい……との懸念があって、採用の壁は厚くなりがち。

この種の質問の狙いは、そうした選考上のハンディをもつ応募者に聞かれるもの。通常勤務への対応力を裏づける態勢の有無を見るのが狙いだ。

子どもが病気だから……と、予定外の欠勤や遅刻・早退が増えるようでは困る。また、残業や出張への対応もむずかしいのでは……というのが面接担当者の本音。この疑念を晴らす必要がある。

「仕事に支障のない環境が整っていることを示せる応募者なら、育児中であってもハンディとは考えません（OA機器関連）」という面接担当者も多い。単に「育児と両立できます」と言うだけではなく、子どもの急な発熱といった緊急時も含め、具体的な対応策、実家や家族の協力、延長保育園の確保などの環境づくりのことを説明。OKトークのように就業規則通りの勤務が可能であることを示していきたい。

なお、こうした応募者の場合は残業や出張についても「大丈夫です」と無条件の安請け合いはしないこと。「最長で△時までなら可能」「前の職場では月○時間を目安に対応していた」「出張も2～3日前までに予定がわかれば問題ない」など、表現に気をつけて対応可能な範囲を示すほうがベター。

健康状態は、もう心配ないのですか？

○　×

●NGトーク

「今後しばらくは月1回の検査には通わなくてはいけませんが、日常生活には問題ありません。御社への応募に際して担当医師にも相談しましたが、そういう仕事内容であれば通常勤務もこなせるだろうと言われました。日頃の体調管理には十分に気を配っていますし、自分でも注意しながら勤務すれば大丈夫だと思います」

●OKトーク

「はい、心配ありません。担当医師からも、通常業務に支障はない……と、お墨つきをもらっています。残業などの勤務対応の面でも問題はないとのことで、安心して社会復帰に踏み切りました。実際、病気を機によりよい生活習慣を心がけるようになったせいか、現在では以前よりも健康になったと思えるほどで、体調がいいと感じられる分だけ業務にも専心できると考えています」

質問の狙い＆アドバイス

通常勤務が可能であれば、あえて「定期検査」などの話はもち出さない

職務経歴のブランクなどから病気療養後の職場復帰であることがわかれば、こうした質問は当然出てくるものと考えたい。

本来、採用選考における応募者の健康状態の判断基準は、「予定業務に就けるかどうか」の1点だけであるべき。就業規則に従って勤務し、通常業務をこなせるのであれば、それ以上の情報を伝える必要はない。たとえ月1回の診察や処理が必要でも、休日や勤務時間外で通院に対応できるなら、NGトークのような回答は避けたほうが無難だ。

「自分でも注意しながら勤務」というフレーズも、言わずもがなの発言。これでは面接担当者に必要以上の警戒心を与えてしまう。OKトークのように、問題がないから復帰を決断したことをハッキリと示し、勤務意欲をアピールしたい。

ただ、健康状態に関連して言えば、むずかしいのは勤務時間内の定期的な通院などが不可欠な応募者の場合だ。それを隠して採用されても、実際の勤続は困難になる。

そうしたケースでは「通常業務は支障なくこなせますが、月2回の通院が必要です。前職場では当日の午後出社を認めていただき、振り替えの残業で対応しておりました。御社でも、そうしたご配慮をいただくことが可能でしょうか？」などと、正確な情報や勤務実績などを伝えながら、応募先に具体的な調整をお願いしていくことが大切だ。

第7章

どう答える？ 突っ込み質問

難問・珍問も狙いがわかれば恐くない

ときには、採用選考の質問とは思えない予想外の珍問・難問も登場してくるのが面接。また応募先によっては、意図的に応募者を困らせる質問が繰り出される圧迫面接もなきにしもあらず。

「おかしな質問には答える必要はない」と考えれば怒って席を立つのも自由。しかし、どんな質問にも実はちゃんとした選考上の狙いがある……。

●朝食は何を食べましたか？

「牛丼屋の朝定食です」といった、メニューを聞きたいわけではない。狙いは、健康や体力の維持、規則正しい生活の管理などの状況から、通常勤務に耐えられる応募者かどうかを判断すること。体力的にハードな職場では、“朝食抜き”や”外食オンリー”を警戒する傾向が強いので注意！

朝は
しっかり
食べてます

●お酒は好き？　よく飲みますか？

応募者の緊張を解き、素顔を見ようとの狙いで聞かれる例も多い。リラックスしすぎて“仲間言葉”などを使うと減点対象。また「よく飲む」という応募者なら、生活を自己管理できているかどうかも問われる。そのほか外食産業では、飲料関係の質問の前振りとして聞かれることも……。

よく飲みますが
必ず休肝日
を作っています

●どんな服が好きですか？

ファッション関連の企業では、志望職種を問わずひんぱんに登場する質問。応募者のもっている感性の傾向を聞くことで、自社商品を扱う適性の有無を探るのが狙い。また、場合によっては“好き”の内容をどう伝えられるかの表現力もチェックされる。応答トークには好きな理由も必須。

●よく遊びに行く街はどこですか？

トレンドへの関心度と職業適性を見るのが狙い。商品開発・マーケティング・広告宣伝・外食サービス・ファッションの志望者はよく聞かれる。どんな街をあげるかで、情報感度や行動意欲もわかってしまう質問。なぜその街に行くのか、どこに注目しているのか……も伝えるとベター。

渋谷です
お台場

●あなたはタバコを吸いますか？

喫煙習慣の有無から職場とのマッチングを見るのが狙い。タバコの健康への影響が話題となり禁煙オフィスも増加してきた最近。「喫煙ＮＧ」の職場では応募者がヘビースモーカーではないか……、「喫煙ＯＫ」の職場なら応募者が強硬に“嫌煙権”を主張するタイプではないか……がチェックされる。吸う人も吸わない人も、その辺に注意して答え方を工夫したい。

吸いますが
嫌煙権は
尊重します

●お子さんは何歳ですか？

子どものいる応募者のうち、とくに女性によく聞かれる。年齢によっては、通常勤務に対応するのは困難では……といった懸念もあるため、それを確認するのが狙い。小さな子どもがいても通常勤務が可能ならば、ただ「大丈夫です」ではなく具体的な保育態勢についても説明をしてカバー。

母に子ども
の面倒を
見てもらって

●あなたは“運”がいいか悪いか？

大手家電の創業者も面接で聞いたとか。周囲と協調して前向きに生きている人は、少なくとも「自分は運が悪い」とは思わない。不平不満の多い人、ネガティブな発想の人、責任転嫁をする人ではＮＧ。「自分は将来を開ける」と考えている人と一緒に働きたい……というのが、この質問の狙い。

「運」がいいと
思いますか？

ハイ！

狙いを知って冷静に応答！

「エッ？」と思うような珍問・難問にも、
面接担当者なりの選考上の意図がある……。
突っ込み質問やイジワル質問にうろたえてはダメ。
どんな狙いで聞かれているのか考えて、
冷静に応答していくことが大切だ。

ここが見られている……「難問・珍問」の狙い

●今日の朝刊で気になった記事は？

情報に対する姿勢や興味の方向を探るのが狙い。だが、朝刊を見ていないことでうろたえると、不測の事態への適応力を疑われる。「今朝の新聞は見てませんが、いまは○○関係のニュースに注目しています」などと応答。なお情報内容は芸能・スポーツは避け、社会欄や志望業界関連で決めたい！

●前の会社のほうがよかったのでは？

大手・中堅の企業を“自己都合”で退職し、同じ職種への転職を希望している応募者に聞かれる。仕事内容・待遇の点でも転職する意味があるとは感じられず、何か不祥事や人間関係のトラブルがあったのでは……と疑われている恐れあり。家庭の事情など第三者が納得できる理由を説明する必要あり。

●字を書くのは苦手みたいですね？

履歴書の文字を見ての感想だが、弱点を指摘されたときの反応も見られている。下手に言い訳をするより“イエス・バット式”の応答がベター。「そのために職場のパソコン導入を率先して進め、伝票処理も手書きから転換して貢献できた」など、弱点を補う努力や能力アピールができれば満点！

●将来、独立したいと思いますか？

専門技術職や店舗サービス職など「独立開業」が多い職種でよく聞かれる。キャリアの築き方に関する志向を知りたい……というのが狙い。独立希望があれば意欲の裏づけとして率直に話してOK。ただし、あまり強調しすぎると会社を“踏み台”と考えているようでマイナス印象になることも。

●希望の事務でなく営業に配属されたら？

業務スキルの不足や志望動機があいまいなときに多く聞かれる。場合によっては実際に配属の変更が行われることもあるが、たいていは本人の志望職種に対する意欲・姿勢を見るのが狙い。中途採用では職種へのこだわりのなさはマイナス。志望職種で役立つ経験や知識、技能習得への意欲を強調して！

●実家が近いのに、なぜ一人暮らしなの？

精勤が可能な生活を自己管理できている応募者かどうか……というのが本来の質問の狙い。だが、すでに勝手気ままな暮らしぶりへの疑念をもたれている恐れあり。そこを意識して「責任ある社会人として自活」などの理由づけと、前職場での真面目な勤務実績をアピールしていく必要がある。

1 圧迫面接が行われる理由を知っておこう

■面接の質問のすべてに答える義務はない

いくら面接でも応募者を不当に差別したり、その原因になるような質問はNG。

ちなみに厚生労働省のガイドラインでは、公正な採用選考のために「本籍・出生地、家族の職業・地位・財産など、住宅状況、生活環境……といった本人に責任のない事項」、また「宗教、支持政党、人生観や生活信条、尊敬する人物、思想、労働組合や学生運動など、購買新聞・雑誌・愛読書……といった本来自由であるべき事項」の質問も避けるように、採用企業と面接担当者に配慮を求めている。

もし、応募先の面接担当者が明らかに差別につながる質問ばかりしてくるなら、そうした企業には入社しないほうが正解。また応募者を侮辱したり、困らせるのが目的の質問にも答える必要はない。「不採用で結構」と席を立つのもひとつの選択だ。

■何でも〝圧迫面接〟と思うのは間違い

また、多くの応募者が耳にして「避けたい」と考えているのが〝圧迫面接〟だろう。これは不測の事態やトラブルへの対応能力を探るのが狙い……とされている。面接担当者が、故意にプレッシャーをかける発言や態度を示して、緊張状態にある応募者の反応をチェックするもの。

参考までに、典型的な圧迫面接のタイプと対応法について左ページにまとめてみた。

実は、圧迫面接に対する考え方は採用人事の専門家の中でも意見が大きく分かれ、批判派からは「本当に、そうした面接を平気で行っているような企業であれば入社を再検討すべき」との助言も聞く。

しかし、ここで肝に銘じておきたいのは、実際の面接で聞かれることは、応募者が抵抗なく答えられる質問やスラスラと返せる質問ばかりではない……という点である。第6章で記述したハンディに切り込む質問なども、その代表例だろう。何でも〝圧迫面接〟と思うのは間違いだ。

たとえ答えに窮するような嫌な質問、困った質問でも、あくまで選考上の必要があり聞かれていると考える姿勢も大切。差別質問・セクハラ質問も含め、難問・珍問に対する判断は、冷静に臨機応変に行っていくことをおすすめしたい。

圧迫面接のタイプと対応法

よくあるタイプ	対応法の例
●無反応・無関心さを装う 手元の応募書類を見るばかりで、顔を合わせずに話す。質問に答えても無反応だったり不審そうに「ふ〜ん」というだけで次の質問に移る……など。	相手に合わせて淡々と応答したり無言になってしまってはＮＧ。「何か腑に落ちないことやご不審があれば、補足説明をしたいと思います。どこかに問題があるのでしょうか？」と雰囲気を変えるアプローチを。また面接担当者が複数いる場合は、反応のある担当者に向けて話をする。
●応答の内容を否定する きちんと応答しても「それは誰でも言う、マニュアル回答だね」と批判したり「そういう見方は間違いだ」「私はそうは思いませんがねぇ」などと言う。	言い訳をしてはいけない。“イエス・バット式”で対応するのが基本。まずは素直に「ご指摘、ありがとうございます。おっしゃる通りかもしれません」などと返すのが先決。そのうえで「けれど私が伝えたかったのは……」など表現を変えて説明していく。
●怒ったり不採用をほのめかす 「何を言ってるの？　私はそんなこと聞いてませんよ」などと怒りだしたり、唐突に「当社はあなたには向かないですね」などと言う。	うろたえてはダメ。ましてや逆ギレも避けたい。“あぁ、これがウワサの圧迫面接なのか”と、ひと呼吸。「申し訳ありません」と謝ってから、「どこに問題があったのか、お聞かせいただきたい」などと頼むことで相手に話をさせ、その内容をキーにしてコミュニケーションを復活させる。

2 質問にはすべて選考上の狙いがある

■予想外の質問は狙いがわかりにくいのか

予想外の質問は、〝聞かれたくない質問〟としてこれから面接を受ける応募者の心配のタネだ。

第3章・40ページにくわしく述べたが、面接の応答は大きく〈人物イメージ・社会人スキル〉〈業務関連スキル・意欲レベル〉〈就業への適応力〉という3つの角度から評価される。きちんと面接の準備を行う応募者は、その評価事項に沿って「こう聞かれたら、こう答えよう」といった自分なりの想定問答を組み立てて応答を考えていく。けれど、予想外の質問にはどう対応したらよいのか……。

実際、ある求人情報誌で転職経験者にアンケートを行ったところ、山ほどの難問・珍問の体験談が寄せられ、中にはジョークのような質問さえあった。

どんな質問も、狙いがわかればポイントを押さえた応答ができる。だが、多くの応募者が〝聞かれたくない〟と考えて心配し、緊張するのは、ユニークな予想外の質問の場合は「その質問で何が評価・判定されるのか?」という、肝心の狙いがわかりにくい……と思い込んでいるからだ。

■難問・珍問も〝バリエーション〟でしかない

しかし、ここで繰り返すと、やはり〈面接の応答は大きく3つの角度から評価される〉のである。採用選考の評価事項は基本的に変わらない。つまり、どんな難問・珍問であろうと、応答によって評価・判定される事項は同じ……ということ。いくらユニークな予想外の質問でも、実はよくある志望動機や入社意欲、仕事姿勢などを聞く質問の〝バリエーション〟でしかない。面接の流れ、前後の質問などと考え合わせることで、ほかの質問と同じように狙いをキャッチしやすくなる、ということだ。

ひとつ注意したいのは難問・珍問の中には、ときおり差別質問やセクハラ質問、興味本位や圧迫面接のように思える質問もあるという点。つい身構えたり批判的な見方をしてしまいがちだが、面接テクニックのうえでも「すべての質問に選考上の狙いがある」という〝前提〟で当たるべきだ。そうした質問では、本来の狙いのほかに応募者の反応もチェックされるが、〝前提〟があると考えれば、通常の質問と同じように、落ち着いて答えやすくなる。

もし当社で不採用となった場合どうしますか？

●NGトーク

「大変残念ですが、不採用ということになれば仕方がありません。私なりに精一杯のことはしたつもりでしたが、これはご縁のものですので……。いろいろな反省点を改善し、また御社のような会社を見つけて、新たな気持ちで挑戦したいと思います」

●OKトーク

「いまは、ぜひとも御社に入社したい……という気持ちで一杯なので、不採用になった場合のことまでは考える余裕がありません。私は〝じっくり型〟なので、短時間の面接では自分の経験やスキル、仕事への真剣な姿勢などについて十分に伝えきれていないのかもしれませんが、御社で働きたいという熱意はわかっていただけたと感じています。あとは御社の判断にお任せいたします」

質問の狙い＆アドバイス

不採用になったわけではない、その後の予定を述べるのは早計

面接も終盤に近づいてきたときに、唐突にこういった質問をされることがある。

「採用した後に〝入社辞退〟されるのは避けたいので、応募者に他社への応募状況を尋ねると口を揃えて〝御社が第一志望〟と答えます。本音のところを知るために、あえてヒネって不採用をほのめかすような聞き方をすることもあります（機器製造）」というのが、面接担当者の狙いだ。

簡単に言えば入社意欲の確認でしかないが、応募者の反応によっては、そこからさまざまなことを読み取られてしまうので注意したい。

まず「それは不採用ということですか？」などとネジ込むのはNG。どんな場合のどんな質問に対しても、「どういう意味なんですか？」と抗議口調で相手に切り返せば会話のムードは悪化するもの。当然ながら面接ではマイナス評価される。

また選考の結果を告げられたわけではないのに「不採用にしないでください」と泣きついたりするのも論外。さらには、NGトークのように早々とあきらめて次の予定まで示せば、意欲が希薄なだけでなく物事を短絡的に考えるウッカリ者の応募者と思われても仕方がない。

面接に臨む際には、たとえ第2志望の応募先であっても「絶対にこの会社に入社する」という気構えをもつのが基本。イジワル質問にうろたえず、最後の最後まで粘り抜く覚悟で、OKトークのように入社意欲を伝えていこう。

あなたは年上の女性（男性）にモテるんじゃないですか？

●NGトーク

「とくにそういうことはないですが……そういう風に見えるでしょうか？　日常的に付き合っている友人もほとんど同性です。まぁ、女性が苦手なわけではありませんが〝モテる〟とか〝モテない〟というのは、別に仕事とは関係がないのではありませんか？」

●OKトーク

「そうですね。〝モテる〟と言えるかどうかはわかりませんが、年配の女性と話をするのは嫌いではないですし、自然に振る舞えると思います。特別なことではありませんが、出身学校はずっと共学でしたし、母や姉が地域の活動をしているため近所のミセス層と接する機会が多いせいかもしれません。これまで、そうしたことが役立つとは考えていませんでしたが、仕事に生かせるならうれしいと思います」

質問の狙い＆アドバイス

得意であることを期待した質問にネガティブに答えるのはNG

NGトークの第一の失敗は、面接担当者が〝モテる〟という言い回しを使ったことで、勝手なカン繰りをした点にある。こんな質問をするのは、一種のセクハラでは……と考えてしまっている。

だが、質問内容は「高齢者と会話を交わす機会が多いか？」「子どもと話すのが好きか？」などと同じ。そう考えれば狙いもわかるはず。つまり特定の層と接する機会が多い仕事の場合に、対人的な能力や適性を見るために聞かれる質問のひとつというわけ。介護職や販売職などのほか、企画・マーケティング系職種なら担当案件のターゲット、またスーパーバイザーなど営業管理系職種なら現場スタッフとのマッチングを問う例が多い。応募職種への理解、事前の会社研究があれば、こうした質問の狙いはキャッチしやすい。

このケースのように、得意であることを期待している面接担当者の投げかけに対して、ネガティブなフレーズで対応すれば、せっかくのアピールチャンスが台無し。OKトークを参考に、質問の狙いを意識して余裕をもった応答をしたい。

なお、本当のセクハラ質問（？）の場合も「仕事とは関係ない」と考えると自滅しやすいので注意。「ミニスカートをはくと似合いそうだね」などと言われても、「はい。キャンペーン・ウェアがミニスカートなら、規則通り着用することに抵抗はありません」など、すべて仕事関連のことに振り替えて回答していくのも防御応答のコツだ。

あなたは気が強そうですね。人間関係のトラブルが多いのでは？

×

●NGトーク

「そんなことはありません。確かに、気は強いほうかもしれませんが、仕事をしていくうえでは何事も消極的ではうまくいきません。気が強いことは悪いことではないと思いますし、むしろプラスだと考えます。そのことで人間関係のトラブルが多い……などと見られてしまうのは、非常に心外です」

○

●OKトーク

「確かに、家族にも〝気が強い〟と言われています。とくに今日は緊張しておりますので、余計にそのような印象を与えてしまったかもしれません。ただ、自分としては思ったことをハッキリと言う分だけ、ほかの人の意見をよく聞くように常に心がけています。前職場では、そうした性格を生かし、営業チームの盛り上げ役として皆の意見をまとめ、目標達成にも積極的に取り組んできましたし、和気あいあいとしたチームワークも自慢でした」

質問の狙い & アドバイス

不利な指摘でも頭から否定せず、見方を変えてカバーしていこう

同種のものとして「ちょっとしたことで、すぐ泣くタイプではありませんか？」「人間の好き嫌いが激しいのでは？」「よく大雑把だと言われませんか？」などもある。大勢の応募者たちに会ってチェックしてきた面接担当者は、さすがに鋭く、応募者の性格の弱点に切り込んでくる。

「性格について応募者自身に長所・短所を話してもらう方法もありますが、こちらから弱点を指摘して、その反応をみるほうがよく表れます（印刷）」というのが、この質問の狙いだ。

「懸念を指摘したとたんに、それまでとは打って変わった態度で猛反発してきた応募者がいました。自分が不利な状況に立ったときやクレーム処理の際のお客さまへの対応なども憶測できないので、実力はあっても当社には向かない方であると判断しました（貴金属販売）」という声も。

不利になりそうだ……と考えても、頑なに否定するだけではNG。実際にそう見えてしまった面接担当者の印象を覆すのはむずかしく、下手をすればヒューマンスキルまで疑われてしまう。

性格的な長所・短所は表裏一体。弱点として指摘された性格でも、OKトークのようにあっさりと肯定してしまったほうが印象がよい。そのうえで同じ性格をよい面からフォロー。面接担当者が懸念する業務上の問題点に対して、具体的なエピソードを織り込んでカバーしていくようにすれば説得力もある。

お休みの日は何をして過ごしているのですか？

●NGトーク

「雑用と映画鑑賞です。私の趣味は映画の鑑賞・批評で、コレと思う映画はできるだけ劇場で観るようにしていますから、よく映画館に出かけます。傾向的にはSFというか近未来をテーマにしたものが好きなのですが、最近は中国などアジア映画にも注目しています。レンタルビデオやCS放送は家で友人たちと一緒に観ますが、徹夜で感想を話し合うこともあって、先日は……」

●OKトーク

「たいていは掃除や洗たくなど家事と雑用に費やし、あとは読書やビデオ鑑賞、休養などです。運動不足になりがちなので、ときどき近所のプールにも通います。でも、この仕事を目指してからは情報収集のために外出が多くなりました。品揃えやディスプレイの特色を知りたくて、話題になっているセレクトショップには足を運び、御社の店舗も銀座・渋谷・新宿店を拝見しました」

質問の狙い＆アドバイス

私生活を根掘り葉掘り話すより精勤できることに焦点を絞る

プライベートな生活についての質問。「会社には関係のないことまで聞かれたくない」と思う応募者もいるだろうが、面接担当者は私生活の様子が必ずしも勤務に無関係だとは考えていない。

「とくにひとり暮らしの方には、生活管理のこともよく聞きます。深夜までのライブ通いや朝食抜きの出勤が当たり前……というような生活では、遅刻や欠勤が多くなったり、皆勤できても業務効率が下がることが考えられます（広告代理店）」というのが、この質問の狙い。

特別に応募者の私生活に興味があって聞かれているケースは少ない。よく「アクティブな休日を過ごしたり、特別な趣味をもっていると言わないと〝つまらない人間〟だと思われるのでは……」との声も聞くが、それは誤解。求人企業が求めているのは〝ユニークで面白い人物〟ではなく〝業務を任せるうえで安心な人物〟である。

応答トークの要点は、きちんと勤務して仕事に打ち込める健康的な生活をしているかどうか、だ。NGトークのように、趣味や友人との交流の様子などをこと細かに長々と話すのはピント外れ。また「友人たちと徹夜で話し合う」といったエピソードは、避けたいキケン情報だ。

ありきたりであっても、OKトークは無難な休日の過ごし方。それに加えて、志望職種や応募企業への関心の高さまでアピールしてしまうのも賢い答え方と言える。

第8章

どう切り出す？　会社への確認質問

聞きにくいことを聞くにはコツがある

面接では好印象を与えることばかりを優先して、カンジンなことを聞けないでいる応募者も……。しかし、ここで気になることを確かめないで採用され、入社後に後悔するようでは困る。

会社に選ばれるだけではない、自分も会社を選ぶのが面接の場。入社後の「シマッタ！」を防ぐために、聞いておきたいポイントと意欲や仕事姿勢を疑われない確認術を身につけておきたい。

❸ 会社への希望は「調整をお願いする」という姿勢で話す

「○○を任せてもらえるんですよね？」「出張は断れますか？」など、自分勝手な都合を押し出した確認質問はＮＧ。

こんなキッパリ・トークの結果、もし会社の答えが“ノー”なら不採用は決まったも同然だ。

勤務のうえで会社に希望したい事項があれば、その内容と理由を伝えて「調整をお願いできる制度があるでしょうか？」「そうした希望を考慮していただく余地はあるでしょうか？」などと尋ねるのがコツ。

✕ 遠慮なく、キッパリ！

❹ 知りたい理由を伝えて「会社への不信感」とは感じさせない

とくに気をつけたいのは、経営状況や社会保険の有無など、応募者ごとに調整できない事実項目の確認質問だ。本人にそのつもりがなくても、聞き方によっては“会社への不信感”ととられる。考えナシに「求人広告に“社会保険完備”とありましたが、本当ですよね？」などと聞くのはＮＧ。

この種の確認質問は「前職場も“社会保険完備”だったはずなのですが、私は適用対象外でした。もし御社に採用された場合、私も適用対象になりますか？」など、知りたい理由も説明するのがコツ。

✕ 考えナシに、サラリ！

確認質問は切り出し方・聞き方で

気になることを確認する質問はむずかしい……。
ほとんどの応募者がそう感じるのも無理はない。
確かめたい内容の多くが、ちょっと聞きづらいことなのだ。
入社意欲や仕事姿勢を疑われてしまえばＮＧ。
そこで知っておきたいのが、上手な聞き方のコツだ。

これは守りたい……確認質問の4つのコツ

❶ 焦らず相手の話を聞いて、切り出すタイミングを見る

面接開始後、早々に気になることを口にするのはＮＧ。次々と、確認質問を連発するのもＮＧ。

労働契約の項目である仕事内容・勤務時間・賃金・休日休暇などは、こちらから聞かなくても面接の流れの中で会社からひと通りの説明があるのが普通なのだ。そのときに面接担当者の話をよく聞いたうえで、不明点だけを尋ねるようにするのが、切り出しやすく質問の数も少なくするコツ。

✕スタート早々、連発！

❷ 「意欲があるからこそ聞く」と“前振り”の話を入れる

切り出すタイミングとともに聞き方も大切。ただ「残業は多いんですか？」「ノルマってあるんですか？」などズバリと聞くのはＮＧ。「私は残業にも対応できます。心構えをしておきたいので、通常、みなさんがどのくらい残業しているのか教えてください」と言うと、確認したい内容は同じでも印象は違う。「心構えをしておきたい」はキーワード。入社意欲があるからこそ聞きたい……という、簡単な“前振り”を入れるのがコツ。

✕何でも、ズバリ！

1
入社すべき会社かどうかを面接チェック

■面接まで進んだことで舞い上がってはダメ

最近は複数の求人企業による合同会社説明会なども増えてきた。そうした機会を活用できれば会社選びもしやすいが、圧倒的多数の転職希望者は求人広告を頼りに応募先を探しているのが実情だろう。

しかし求人広告には不明瞭な表現や省略が多く、また必ずしも記述内容が正確ではないこともある。

書類選考を通って「面接まで進んだ！」といって、喜び舞い上がっていてはダメ。その応募先企業が本当に自分の転職先としてふさわしいかどうかを検討するには、情報量はあまりにも少なかったはず……。疑心暗鬼になる必要はないが、そこを確認する点に面接の意味があると考え、〝雇っていただく〟という姿勢を改めるべきだろう。

■自然な流れの中で聞けば待遇の質問もOK

面接は本来、雇う側と働く側の希望や条件がマッチするか……お互いに確認し合う場。だから労働契約の重要事項は、尋ねなくても説明があるのが普通だ。それに耳を傾け、気になることや疑問があれば、その都度、説明に関連づけて確認しよう。自然なやりとりの流れの中で聞けば、待遇の質問をしても悪い印象を与えることは防げる。

もちろん、すべての条件が希望通りという会社はきわめて少ない。だが、納得のうえで譲れるところを譲るのと、絶対不可欠だった条件が満たされていないことを入社後に知るのとでは大違いだ。もしも重要な項目について面接担当者から何の説明もなく、こちらから質問しても不明瞭な答えしか返ってこない……というようであれば、要注意。入社できたとしても、会社の内容が懸念される。

転職に成功するということは単に入社できればいい、ということではない。納得のいく会社に入り、自分を生かせる仕事を得られるかどうかだ。それはあなたの会社選びにかかっている。

参考までに〝会社を選ぶ〟ために面接で確認したいことを左ページにまとめた。なお、注意したいのは自分のキャリアや実力と希望条件とのバランス。採用基準のレベルも考え合わせて、重視したい条件の優先順位をつけたり、あらかじめ譲歩できる内容や範囲を定めておくことをおすすめしたい。

ここを確認！チェックリスト

□採用職種
応募した職種で採用されるかを確認。ただし応募先によっては「企画職の場合は、まず販売職からスタート」といった例や、面接で希望とは違う職種への打診が行われるケースもあるので注意しよう。

□雇用・契約形態
労働契約の形態は、正社員・契約社員・パート・アルバイト・派遣のほか、“雇用”ではない業務委託や請負などもある。正確に把握を。また正社員以外の雇用では契約期間と更新の有無なども確認。

□具体的な仕事内容
同じ職種名でも応募先によって具体的な業務には差があり、応募先だけのオリジナルな職名などもある。職種名からの勝手な想像はＮＧ。面接で採用後に担当する主要な業務、役割についてきちんと説明を受け、不明な点があれば確認。

□会社の業種や事業内容
ときには「経営コンサルタント会社の調理師募集」などわかりにくいものもあって、仕事内容とも深く関係してくるのが応募先の事業内容だ。自分で調べても理解できない点や不明点があれば確認。

□勤務地（担当エリア）
求人広告に勤務地が複数あれば配属先を確認。ただし、会社も通勤可能範囲で配属するのが一般的なので特別な事情がなければ指示に従うのが原則。また異動の有無、その際に希望が考慮されるかなどの確認は可。

□勤務時間や残業の有無
就業規則による勤務時間のほか、残業の有無や量にも目安をつけたい。また交替勤務制、変形労働時間制などの場合は、しくみやシフト法などの説明を受けた後に不明点を確認。

□賃金形態や昇給・賞与
会社からの説明を受けた後に、不明点があれば尋ねるようにしたい。歩合給がある場合は、計算の基準や比率についても確認。なお面接で具体的な給与金額の提示がなければ、深追いはしないで内定後の話し合いで。

□休日・休暇
「週休２日制」と「完全週休２日制」は違う。また休みは土日とは限らない……。業界によって変形タイプの休日も多いので、思い込みは禁物。会社の説明をよく聞いて不明点を確認。また休日出勤の有無などの目安もつけたい。

□適用される年金や健康保険
ちなみに「社会保険完備」とは、厚生年金保険・健康保険・雇用保険・労災保険の適用事業所のこと。会社に制度があっても、勤務条件によっては適用されない保険もあるので、採用されたら、自分がどんな保険の適用対象になるかを確認しよう。

□本採用前の試用期間
試用期間の有無を確認。あれば期限（判例などによれば最長１年が順当）やその間の賃金形態などもチェック。なお“見習”は本採用だが、“研修期間”の扱いは会社により違い“試用期間”のこともある。

□社風・職場環境
職場人数や平均年齢、中途入社の先輩の有無、実際の職場雰囲気……などが一般的な確認事項。また“手に職”をつけたいなら、職場に指導役となるベテランがいるかどうかも気になるところ。

□経営・財務状況
自分なりに調べて不明なら確認。「経営不振による不本意な転職だったので、長く勤続できる会社を希望しています。大変ぶしつけですが御社の事業状況について簡単にうかがえますか？」など、理由も含めて真剣さが伝わるように聞く。

□求人の背景
新規事業の立ち上げや事業拡張のための募集なら、自分の経験や資格・スキルがどう生かせるかを確認したい。また欠員補充なら、なぜ前任者が辞めたのかも知りたいところ。理由によって社風を垣間見ることもできる。

□面接結果の連絡
面接結果の連絡はいつごろ、どんな方法でもらえるかも確認。会社によって差があるので、聞き忘れると毎日心配しながら過ごすことになる。また、その連絡で採用が決まるのか、２回目の面接があるのかも一緒に尋ねておくとよい。

2 仕事関連の質問は〝熱意の表れ〟として聞く

■仕事内容の確認は採用担当者も大歓迎

転職を希望している人の大半は、仕事内容をポイントに会社を選んでいる。ところが、入社してみたら実際の業務が考えていた内容とは違っていた……というケースも。たとえば、「システム開発職として採用されたはずだったが、中心業務は提案営業。技術専門職としてキャリアを築くという希望には合わない会社だった」といった話もよく聞く。入社後の〝シマッタ！〟を防ぐうえでは、主業務や守備範囲を含めて実際に携わる具体的な仕事内容の確認も大切だ。

実際、入社意欲があれば、担当となる職種や仕事内容が気になるのは当たり前のこと。応募者の質問は〝熱意の表れ〟と見られ、面接担当者にも歓迎される傾向がある。

「採用後のポジションや担当はすでに予定されているのでしょうか？」「今回の採用では、どんなスキルや経験がとくに求められているのですか？」など、仕事内容に直接関わることならストレートに聞いてみるのが得策だ。

■細かなことにこだわりすぎるのはキケン

ただし、注意したいのは仕事の大変さを心配するような質問や表現。「この広告企画営業の顧客は自分で開拓しなければならないのですか？」「アポイントなしの飛込み訪問もあるのですか？」といった言い方をすれば、逃げ腰の応募者……と思われるだけだ。

また、キケンなのは業務の細部にこだわる姿勢。「業務ノートは毎日つけるのでしょうか？」「営業交通費の精算はどうやるんですか？」「パソコンでの書類作成は営業サポートに頼めますか？」「内勤のときは電話番もするのですか？」など、細かなことを根掘り葉掘り聞くと、職業人としての柔軟性に欠けていると思われるだけでなく、本当に入社したいのか……と仕事への意欲も疑われてしまう。

その意味では、あえて面接で確認する必要はない些末な質問は避けたほうが無難だが、どうしても聞きたいときは、知りたい理由を説明して尋ねるなどの工夫も必要。仕事関連の質問だから大丈夫……と考えて、気軽に連発しないように気をつけたい。

やりとりを通じ志望職種で採用されるのか、少し心配に…

ケース

志望職種は制作職。だが、まだDTP実務の経験が浅いこともあって「未経験者OK」のフレーズに注目して応募したのだが、面接のやりとりの中で何かと対人折衝に関する質問が目立つ。どうもキャリア不足を理由に、同時募集している営業職への採用の打診のように思えて心配なのだが……。

●モデルトーク

「先ほどからの取引先との打ち合せや交渉のお話についてですが、私は営業の現場でクライアントと接することも制作職の大切な仕事の一部と考えています。何事も修業なので、積極的に営業的な役割にも携わりたいと思いますが、あくまでも制作職としての立場で関わる……と理解していてよろしいでしょうか？」

確認ポイント＆アドバイス

営業はイヤという言い方では入社意欲なしと判断される恐れあり

求人広告によっては、2つ以上の職種を同時募集しているものも多い。とくに多く見られるのは、恒常的にニーズが高い営業・販売系職種の職種が求人広告に並んでいるケース。その採用人数に対して期待していた応募者が集まらなかった場合、応募先企業によっては、同時募集したほかの職種を志望している応募者に「営業としてなら採用できるのだが、どうか」といった打診を行う例も少なからずある。

だが、このケースの場合はハッキリとそう言われたわけではない……という点に注意すべきだ。ここでダイレクトに「私は制作職を希望しているので、営業職に応募したわけではありません」などと言ってはNG。

ここでの確認ポイントは、面接担当者は志望職種である制作職としての採用を考えているのかどうか……ということに尽きる。モデルトークのように業務の守備範囲を柔軟に捉えていることを前振りにしながら、その点に絞って尋ねるのが賢いトークのコツだ。

こうした状況で留意したいのは、志望職種が制作職であることは面接担当者も承知……ということ。そのうえで営業の話が出ているのだから、いずれにしても営業的な役割を担うことは期待されているわけ。「営業の仕事はイヤだ」というニュアンスの回答では、制作職としての入社意欲も疑われてしまうだけだ。

任される仕事の内容やレベルがどうも予想とは違うみたいだ

ケース

経理分野でのキャリアアップを希望し「実務経験3年以上の方」という求人に応募。ところが面接担当者の質問は、前職での経験業務や簿記資格のことよりもパソコンのことばかり。使用機種や入力スピードのことをくわしく聞くのだが、求められているスキルは、専門知識があまり必要ない伝票処理なのだろうか?

●モデルトーク

「私は、これまで前職場では試算表や貸借対照表の作成にも携わってきました。御社に貢献するのに、そうした経験がどのくらい役に立つか知りたいのですが、決算の際などに社内の経理部署ではどのレベルまでの仕事を担当しているのでしょうか? 会計事務所に依頼するまでの具体的な決算業務の流れを教えていただけますか?」

確認ポイント&アドバイス

○○を任せてくれないのか……という自分勝手な質問はタブー

同じ職種でも、会社によって具体的な仕事内容は違ってくる。このケースのように、前職経験を生かして高レベルな仕事に就きたい……といった希望をもつ人なら、応募先企業がどんな資格やスキルレベルを求めているかをはじめ、具体的に担当することになる業務の内容や守備範囲について、きちんと把握しておく必要がある。

ただし、避けたいのは「決算業務は任せてもらえないのか?」といった聞き方。

これは、ほかの職種の場合も同じで、「○○プロジェクトのチームに入れてもらえるか」「新商品の○○を担当させてほしい」「得意先の××社の扱いは自信があるから自分にやらせてくれ」といった言い方はNG。

担当業務や配属は、応募者にその実力があるかどうか……だけでは決定されない。ましてや、何の社内調整もなく面接担当者が質問に即答できるものでもない。面接で自分勝手な業務配分や配属の希望を主張するのは単なるワガママでしかなく、常識ハズレという印象を与えるだけ。

このケースのような場合は、(1)自分には希望する担当業務に適切な実力・経験があることをアピール。(2)そのうえで応募先にそうした担当業務が存在するかどうかを確認……という2段がまえのトークがおすすめ。ストレートに聞かなくても、面接担当者の返答から知りたい確認ポイントはつかめるはずだ。

どのくらいのノルマが課せられるのか不安だ

ケース

ある中古車販売会社の営業募集に応募。ところが、この業界にくわしい知人たちから、その応募先企業のウワサを聞いた。何でも非常に厳しいノルマで有名なところらしい……。

いったい、どの程度の販売ノルマが課せられるのか、未経験の私でもこなせるのか……状況を確認したい。

●モデルトーク

「営業職は、目標数値があると頑張りがいがあると考えています。御社の場合は、私のような未経験者には具体的にどのような目標を設定されているのでしょうか？　また通常の達成率や、そのために皆さんがどんな努力をしているかもお聞かせいただけると、一層ファイトが湧くのですが……」

確認ポイント&アドバイス

仕事のキッさに関する質問と受け取られないように注意を

「ノルマがあると聞きましたが、本当ですか？」「目標数値の管理は、キツイんでしょうか？」といったダイレクトな聞き方はNG。営業職や販売職に目標数値があるのは当然のこと。こんな聞き方をすれば、それを恐れて〝ラクな仕事〟を求める応募者と思われ、意欲の低さや自信のなさを印象づけることになってしまう。

もともと〝ノルマ〟や〝目標数値〟を、どう捉えるかは本人の気持ち次第。それが課せられる職種を志望する応募者なら、ノルマを嫌なものとはしないで、むしろ自分の努力の成果が明確になってやりがいにつながると考えてほしい……というのが面接担当者の気持ちだろう。

好印象を与えつつ確認したいことを尋ねるには、そんな仕事姿勢を見せるのがコツ。「目標があると頑張りがいがあります」「やりがいのうえでも、この仕事に目標数値は不可欠と思います」といった前振りが効果あり。

またノルマが苛酷かどうかは、目標数値だけではなく、管理の方法にも関係する。その意味では、モデルトークのようにあまり数値にこだわらず、その職場の皆がどうやってどのくらいの目標を達成しているかを尋ねるほうが、実際のノルマの厳しさ度合いや日々の仕事のイメージが湧くはずだ。

3 お金の質問はタイミングが印象を決める

■「仕事より金が優先」と思われないように

面接でお金のことを聞くと悪い印象を与えると考えている転職希望者は多い。しかし、それは間違い。賃金形態や歩合給のしくみ、研修期間や試用期間中の賃金の扱いなどについて尋ねることにマイナスイメージをもつ面接担当者は少ないと考えてよい。

ただし重要なのはタイミングと切り出し方。ここを誤ると「お金が優先の応募者」と思われるので慎重に。とくに注意したいのがタイミングで、基本的には仕事や経歴に関する質疑応答が終わった後。面接担当者の説明を受けたカタチで行うのがベター。また具体的な給与額については、応募者の評価判定がひと通り出揃った最終面接の終盤、または内定後に話し合うのが一般的。面接の中途段階で、「私の場合、給与はいくらもらえますか」と尋ねても回答をもらえないことが多い。

■必要性の高さが金額交渉の是非を判断する基準

切り出し方でむずかしいのは給与交渉。正直なところ、金額交渉に対する面接担当者の考え方や印象にはかなりの格差があるからだ。外資系企業のように堂々と交渉することが折衝能力のアピールにつながる例もあれば、応募者が交渉姿勢を見せるだけで抵抗感をもつ面接担当者もいる。

その意味では、入社したいので何とか必要な収入を確保したい……という真剣な気持ちを伝えるのもコツ。交渉ではなく、調整をお願いできるか会社の都合を尋ねるつもりで話すことが大切。当然ながら、根拠のない法外な金額の提示はNG。

「せっかく採用選考に手間をかけて内定を出しても、賃金が折り合わなければ採用できず、できても勤続してもらえません。ですから、当社では面接時に給与・賞与など含めた年収ベースでおおよその額を話し合う……。そのとき経験やスキルをアピールして、納得のいく妥当な希望額を示す人ならば、仕事面や人間性の面でも安心感があります（WFB制作会社）」といった意見も参考にしたい。

そのほか、残業手当や割増賃金、諸手当関連など詳細な質問をするかどうかは自分にとっての重要度次第。入社の必須条件になることであれば、理由も述べて確認するようにしたい。

求人広告の記述の通りにボーナスは出るのか？

ケース

求人広告には「賞与年2回」という記述だけだった。実際にどのくらいもらえるのか目安だけでも聞いておきたいし、一番知りたいのは、これからの入社でも今度のボーナスをもらうことができるのかどうか。そんなこと聞けるだろうか……。

●モデルトーク

「大変ぶしつけな質問なのですが、転職を機に親元を離れて自活したく年収の目安を知りたいと考えています。それに関連して御社の求人広告で拝見した〝賞与2回〟という記述についても、もう少しくわしくうかがいたいのです。実は、以前の会社も同じく賞与は年2回でしたが、勤続6ヵ月以上の正社員に基本給の2倍が支給されるという規定がありました。御社の場合には、どのような賞与規定があるのか教えていただけますか？」

確認ポイント＆アドバイス

過剰な期待を抱いている聞き方では常識まで疑われてしまう

絶対に避けたいのは、「私の場合も今度のボーナスの支給対象になりますか？」といった期待を抱いた聞き方。もともとボーナスは、会社への貢献に対して支払われるもの。下手な聞き方をすれば、まだ働いてもいないのにボーナスか……と、常識まで疑われる。確認したいことは、賞与規定を尋ねることで回答をもらえる。

ちなみに言えば、入社1年未満の従業員はボーナスの支給対象外という会社も多い。そうした賞与規定も、通常は面接担当者からの説明があるはず。このケースのように、説明がない場合は給与と同じく応募者の総合評価が出揃う最終面接の終盤まで待ってから質問をするほうが無難……ということも覚えておきたい。

また気をつけたいのはタイミングだけではない。給与のことを聞いたら次は賞与……と、質問を繰り出すのもNG。「お金の話になったとたんに活気づいた応募者」という印象を与えてマイナス。このモデルトークのように、年収の目安と一緒に賞与規定を確認するなど、尋ね方の工夫もしたい。

なお具体的な賞与額は、会社の業績によっても変わる。面接で聞いた支給実績額が必ず支払われるわけではないことも了解して。

実力主義の昇給というが査定基準も昇給の目安もわからない

ケース

給与についての説明を受けたところ、初任給は一律額の支給で、あとは実力による昇給があると言われた。求人広告では「固定給制・一律23万円」。未経験なので前職よりダウンするのは仕方ないが、年俸制や歩合制ではないのに、どうやって実力を査定し昇給を決めるのか、いつどのくらい昇給されるのか……。

●モデルトーク

「未経験からのスタートなので、いち早く戦力になるよう努力するつもりです。給与アップも目標に頑張りたいのでお聞かせいただきたいのですが、御社で年収400万円台になるには、通常どのくらいの経験が必要でしょうか？　また昇給基準の査定項目や方法、査定の時期を教えていただけると一層ファイトが湧くのですが……」

確認ポイント＆アドバイス

不明確な「貢献度次第」などの回答を避ける聞き方をしたい

まだ実際に働いていない未経験者が「1年後の昇給はどのくらいになりますか？」などと聞いても回答はもらえないのが普通。また、「御社の評価制度を教えてください」という漠然とした言い方もよくない。

昇給基準や評価方法は、会社によってさまざま。聞きにくい内容だからといってあいまいな言葉を使うと「会社への貢献度次第で判断します」など、あいまいな表現の回答が返ってくるケースも多い。せっかく質問しても、それでは何も聞かなかったのと同じ。モデルトークのように「査定項目や方法、査定の時期」と具体的に尋ねることが確認の際のポイントだ。

面接時の応募者のトークとしては、かなり突っ込んだ種類のものではあるが、〝ここで〝恐る恐る〟といった態度は逆効果。給与アップを目指して頑張りたいのだ……と率直に伝え、意欲アピールをしたうえで聞けば悪い印象は与えないもの。

とくに、本当に実力主義を前面に出している会社であれば、こうした問いにも抵抗なく回答してくれるはずだし、確認すべき要点をシッカリ聞ける人を歓迎してくれるはず。もし面接担当者が回答を渋ったり、納得のいく答えが得られないときは、〝実力による昇給〟そのものに実態がないという可能性も考えてみるべきだろう。

ちょくちょく残業があるらしい。残業代はきちんとつくのか？

ケース

面接担当者から「急な残業もよくあるがかまわないか？」との質問があった。残業そのものはかまわないのだが、きちんと残業代がもらえるのだろうか……。サービス残業が当たり前といった社風の職場では働きたくないとも思う。

●モデルトーク

「もちろんかまいません。業務のうえで必要があれば対応できますし、これまでも対応してきました。ただ、正直に申し上げますと、前職場は上司が帰るまでは席を立てない雰囲気もあり、〝サービス残業〟が当然という環境でした。私自身も、常に効率的な業務を心がけるべきであったという反省をもち、転職に当たっては気持ちよく働ける環境を求めています。御社では、残業に対してどのようなお考えをおもちか、うかがえますか？」

確認ポイント＆アドバイス

なぜ残業代が気になるのかを面接担当者にわかるように説明する

まず絶対に避けたいのは、単に「残業代はちゃんとつきますか？」といった聞き方だ。応募先がきちんとした人事・労務管理をしている会社であれば、残業がイヤなのだな……と思う以前に憤慨してしまう面接担当者が少なくないはず。

また、応募先企業の残業手当の支払い状況とは関係なく、こうした労働法関連の確認質問をすると、場合によっては自分の権利をことさらに主張するタイプの応募者であるとの懸念も抱かれ、マイナス印象につながりがち。だが、会社選びの条件として重要なことなら、多少のリスクはあっても尋ねる必要がある。

リスクを防ぐコツは、「なぜ残業代のことが気になるのか」を、面接担当者が納得するように説明すること。サービス残業が当たり前だった……という、前職場の状況を話すのもひとつの方法。直接〝残業代〟には触れなくても、〝サービス残業〟というキーワードを入れて応募先の残業に対する考え方を聞くことで、その有無についても回答がもらえるはずだ。

だが、そうした場合も前職場を悪く言うだけではNG。モデルトークのように、自分の反省も含めて話すようにしないと、いい印象はもたれないので注意したい。

なお「裁量労働時間制」など、応募先の勤務体系によっては、残業手当があらかじめ給与に含まれているケースもあるので事前に調べておきたい。

4 勤務条件や待遇の質問には具体的な回答をもらう

■何が問題で、どこまで譲歩できるか事前に考慮

配属地・勤務時間・休日休暇……など、主要な勤務条件や待遇は、求人広告にもよく記載されている。転職ノウハウ本によっては「求人広告を読めばわかるようなことを聞いてはいけない」といったアドバイスもあるが、これは単に確認質問の連発を防ぐためのひとつの方法を提言しているだけ。気になることがあれば確認してOK。

ただし注意したいのは、勤務条件や待遇について尋ねる質問は、ともすると身勝手な印象を与えてしまいがち……という点である。「転勤はあるのか?」「休日出勤があるのか?」「配属地はどこになるのか?」など、ストレートに投げかけるのはキケンだ。

質問をする前に、そのことが応募先に勤務するうえでどう問題になるのか、どこまでの譲歩が可能なのかを、事前に整理しておくことが大切。

たとえば「育児との両立のために、勤務地は保育園の送迎時刻に支障のない範囲であることが不可欠」というケースなら、そうした希望を考慮して配属してもらえるかどうかが会社選びの条件。支障なく通勤できる勤務地ならOKということになる。「○○店に配属してもらえますか?」などと言うよりも、事情を話して会社の対応を尋ねるほうがベター。

■求人広告にある用語の意味も調べておこう

ある採用人事の専門家によれば、待遇関連では休日に関する質問をクドクドと聞く応募者が多いとか。「休日はどうなっているのか?」という質問に答えても細かな確認がつづき、休みのことばかり気にする人……と思わざるをえないそうだ。

だが、これには考えられる原因がある。ほとんどの転職希望者は雇用関係の用語知識がないのだ。ちなみに解説すれば、よくある休日表記の意味は次の通り。「週休制」＝週1日の休みがある。「週休2日制」＝月に1回以上の週2日、ほかは週1日の休みがある。「完全週休2日制」＝毎週2日の休みがある。「3勤1休」＝3日勤務し1日休む繰り返し……。もし週休2日制と完全週休2日制を混同していれば、やりとりが噛み合わないのも当然。その意味では求人広告の用語の意味を、あらかじめ自分で調べておくことも必要だろう。

配属される店舗はどこになるのか

ケース

応募企業の求人広告の勤務地の表示には「東京・神奈川」とあった。エリアが広すぎて、どこに配属されるかによっては勤務条件もずいぶん変わってくるはずだ。できれば自分が希望する通勤しやすい勤務地に配属してほしいのだが、選ぶことができるのだろうか……。

●モデルトーク

「配属についてお尋ねしたいのですが、御社の求人広告では勤務地が〝東京・神奈川〟と記載されていました。私は自宅が○○なので△△支店にも1時間ほどで通勤が可能です。でも、もしできるなら××沿線の支店勤務のほうが望ましいと思いました。御社では配属に当たって、そうした本人の希望を考慮する制度をとっていらっしゃいますか？」

確認ポイント&アドバイス

自分の都合ばかりの身勝手な言い方にならないように注意

言いたいことは同じなのに、「通勤に便利なのは××支店なのですが、そうした配属希望は受け入れられるのでしょうか？」とあからさまに聞けば、自分の通勤の都合しか考えていない身勝手な応募者だという印象を与えてしまう。

会社としても、ムリなく勤続してほしいという考えがある。選択肢があるなら、わざわざ勤務に不利な条件で雇おうというつもりはない。だが、配属の決定は、数多くある支店や営業所ごとの人材計画をもとに決定されるのが普通。そのための中途採用であり面接選考なのだから、配属は会社の指示に従うのが原則である。

もし、希望を考慮してほしい理由が「通勤に便利」という程度のことであれば、モデルトークのように、基本的には会社の配属に従うつもりがあることをハッキリ伝えるべき。でないと、配属への対応が不可能な応募者と見なされ、選考から外されてしまうこともある。また希望を述べる場合も、ある程度の幅をもたせるなど、柔軟性を見せることが好印象につなげていくポイントだ。

なお会社によっては、都市部と郊外の店舗、工場と本社……というように、配属される事業所によって勤務時間や業務の守備範囲などが異なる場合もある。勤務地が広域にわたる場合や事業所部門などが異なる場合は、その辺のことも面接での確認事項のひとつとしてリストアップしておくようにしたい。

交替勤務制のシフトってどうやって決まるの？

ケース

応募先は交替勤務制。シフト勤務はアルバイトのときの経験だけだが、急な呼び出しがあったり、遅い時間ばかりにシフトされて苦労した。希望時間に働けるのか、プライベートな時間が確保しにくくなるのではないか……と気になる。

●モデルトーク

「求人広告には交替勤務制とあり、実働8時間の勤務時間帯も記載されていましたが、実は、私は学生時代のアルバイトの折りの経験だけで、交替勤務制についての理解が不十分であると自覚しています。勤務に対する心構えをしておきたいので、本人の希望が考慮されるかなどシフトの組み方や、出勤スケジュールが決まる時期など、御社の場合のしくみについて、くわしいお話をうかがえるでしょうか？」

確認ポイント&アドバイス

自分の希望や心配を言う前に説明を求めるのも基本

「希望の時間にシフトしてもらえますか？」「急な呼び出しなどはありませんか？」「どのくらい前に出勤日時が決まるのですか？」など、気になることを並べ立てて尋ねるのは最もマズイ聞き方。自分が都合よく働くことのみに心を砕いているような印象をもたれたり、本当に働く気があるのだろうか……と思われても仕方ない。

ひと口に〝交替制勤務〟と言っても、そのしくみは会社ごとに千差万別。もし交替勤務制での勤務経験があって「わかっている」と思っていても、志望先の勤務時間システムがそれとまったく同じということはない。入社してから「こんなハズではなかった」ということにならないよう、まずは応募企業のシステムについて、くわしい説明を聞くことが大切。そのうえで、不明点だけを確認すれば質問を連発せずにすむ。

なお求人広告の「勤務時間」の用語もいろいろ。広告によっては、実8（実働8時間）・交（交替勤務制）・選（選択勤務制）・深（深夜勤務）などの略語も使われている。きちんとした求人情報誌には、そうした用語・略語の意味や読むときの注意点を説明したページが設けられているので参考にするといいだろう。

有給休暇をキチンととりやすい会社だろうか

ケース

以前の会社には有給休暇をとりにくい雰囲気があって、病気欠勤などを振り当てる程度というのが実情だった。長期休暇がほしい……とまでは言わないが、当たり前に有給休暇を活用できるような会社なら働きやすいと思う。この応募先はどうなのか、建て前でなく、本当のところを知りたい。

●モデルトーク

「以前の会社は非常に多忙で、職場の仲間たちに迷惑をかけずに有給休暇を取るのが難しい状況にあったので、取得に関して細かい決まりをつくり、守っていました。御社では、皆さん、どのような有給休暇の取り方をされていますか、また何か規定を設けていらっしゃるようでしたら心構えのために教えていただけますか？」

確認ポイント&アドバイス

聞かないほうが無難な質問をあえて聞く理由を説明しよう

有給休暇は労働者の権利。だが、実際には取得しにくい空気のある職場があることも否めない。上司や同僚に必要以上に遠慮することなく、有給休暇を当たり前にとれる職場かどうかも、会社選びで気になる問題のひとつと言えるだろう。

有給休暇がとりやすい職場かどうかは、社員の〝有休消化率〟でわかるが、ストレートに「御社の有給休暇の消化率はどのくらいですか？」などと質問したり、「有給休暇は法律通りにキチンととれるか？」といったニュアンスで聞くのはNG。

言うまでもないが、休日休暇に強くこだわる応募者は、いい印象をもたれない。「この人は働くのがイヤなのでは」と警戒心を抱かれると大きな減点になってくる。リスクがあるのに、あえて質問するのはなぜか……その理由が理解できるような説明を加えて質問することがポイントだ。

モデルトークのように「何か決まりがあるなら、それを守りたい」という姿勢を見せるのもひとつの方法。そのほか、ボランティアや各種の講習・研修への参加、介護・家業の手伝いなど、有給休暇を活用したい事情を話すとマイナス印象はかなり緩和できる。事情といっても、くれぐれも「たまにはゆっくり旅行に行きたいですし……」などと言わないように。

5 会社や職場環境の質問は下調べも必要

■会社への不信感を言葉にしないように注意

経営ビジョンや営業戦略、また社風などについて聞くのは、会社への関心をアピールする効果もあり好印象。だが、逆にちょっと調べればわかる程度のことを聞いて「ホームページを見たなら、それは書いてあったはずですよ」などと突っ込まれて墓穴を掘らないようにしたい。会社や職場環境に対する確認質問は、関係資料を見たり実際の店舗に出向くなど下調べをしたうえで行うのが基本だ。

また、具体的な情報の入手が困難な小規模な事業所の場合は、自分の目で見た職場の様子も判断材料のひとつ。「皆さんの様子にとても活気を感じましたが、御社がいま力を入れたり業績をあげているのは、どんな分野の製品ですか？」などと聞けば、経営状況や将来性についての回答も得やすい。

くれぐれも避けたいのは「将来性が気になるのですが、経営はうまくいっていますか？」「求人広告に〝業界トップレベルの技術力〟とありましたが、本当ですか？」といった聞き方。会社への不信感を言葉にすると面接担当者の心証を害し、そんなに不安なら応募しなくて結構……となることもある。

■予想以上にコミュニケーション力が見られる

そのほか、実際に入社してみないとわかりにくいだけに気になるのが〝社風〟だ。とくに前職場の社風に何らかの問題を感じていた人は、転職先を吟味したいという気持ちが強くあるはず。

ところが、いざ確認質問となると、よくあるのが「御社の社風について教えていただけますか？」といった漠然とした聞き方。これでは「まぁ、和気あいあいと働きやすい職場だと思いますよ」などという答えしかもらえない。実際、同じ社内でも人員構成による職場雰囲気や上司の統括の仕方、各自の仕事の進め方などは部署によっても異なり、それらが織りなす社風を一概に表現するのはむずかしいもの。面接担当者も、どう答えていいか迷うのが当然だ。

「いったい何が聞きたいのか、回答しにくい漠然とした質問をする応募者や、上司はどんなタイプの人か……など場違いな質問をする応募者も多く、コミュニケーション能力がわかります（印刷）」という意見が多いことも知っておきたい。

頻繁に出ている求人広告……社員の定着率が低い会社なのか

ケース

応募した後に気づいたのだが、この会社はどうも〝毎月〟と言っていいほど頻繁に求人広告を出しているようだ。いまは求人への応募者数も多いと聞いているのに、同じ会社がそれほど何回も繰り返し求人を行うのが不思議……。もしかして、採用した社員がすぐ辞めて定着しない会社なのだろうか？

●モデルトーク

「私は転職者が活躍しやすい環境を求めています。応募に当たって情報収集をする中でも、とりわけ中途採用に積極的であると感じたのが御社でした。実際、御社では中途入社された方たちがどのくらいいらして、どんな分野で活躍されているのでしょうか？　また、御社の皆さんの平均的な勤続年数はどのくらいでしょうか？」

確認ポイント＆アドバイス

頻繁な求人の理由より勤続の年数に目を向けて聞く

こうしたケースで気をつけたいのは、確認すべきポイントは〝離職率〟ではない……ということ。「御社は離職率が高いのでしょうか？」と、抱いた不信感をズバリと聞けば、たとえ回答を得られたとしても面接の雰囲気は悪くなってしまう。

応募者にとって重要なのは、自分を生かして働きやすく、長く勤務できる会社かどうか……ということ。モデルトークのように聞けば、その確認ポイントを押さえられる。たとえ規模が大きく業績が好調でも、転職者が活躍しにくい会社はNG。中途採用に積極的な会社は、その意味では転職先として狙い目なのだ。面接担当者としても、その辺を聞く確認質問に悪い印象はもたない。

また求人広告を出す理由は、必ずしも欠員補充ばかりとは限らない。新規の支店・営業所・店舗の増設など事業拡大や新規プロジェクトの立ち上げ、また企業によってはグループ傘下の人材採用活動を一括して行う例もある。頻繁に求人広告が出ているからといって、すぐに「社員がすぐ辞める会社」と判断してしまうのは早計だろう。

なぜ人材募集を行っているのか、求人広告を読んだだけではわからないケースが多いが、募集背景を知ることは、求められている経験や技能をつかむうえでも役立つ。「活発に中途採用をされているようですが、新規事業の立ち上げがあるのですか？」など、その点から攻めてみるのも聞き方のひとつの例だ。

「アットホームな会社」、飲み会ばかりじゃヘキエキ

ケース

応募先の求人広告にあった大きな「アットホームな会社」という言葉。実は、前職場も〝家族的〟な雰囲気。楽しい半面、始終ある〝飲み会〟にヘキエキしていた。断わることができずに、イヤイヤでも参加せざるをえなかったのだ。しかし、飲み会があるか……とは聞けない。

●モデルトーク

「御社の求人広告の〝アットホームな会社〟という言葉に注目しました。実は、前職場も家族的な和気あいあいとした雰囲気で、チームワークが自慢でした。ただ私自身の反省点としてはアフター5の行事が多いせいで、どうも公私のケジメが薄れていたかもしれません。そうした点にも注意して業務に邁進するつもりですが、御社でも仕事以外の親睦会などがよく催されるのでしょうか?」

確認ポイント&アドバイス

アットホームな職場雰囲気を否定するような聞き方はNG

求人広告には、よく会社の特色を大きく記述したものがある。「アットホームな会社」という言葉も珍しいものではない。求人企業としては、新しく来た人を暖かく迎える、なじみやすい職場であることを伝え、多くの応募者を募りたい……というのが狙いだろう。必ずしも具体的な社風の特色を述べているわけではない。

注意したいのは、「アットホーム」を批判する発言は絶対にNGという点。これは、特色を示したほかの言葉も同じ。「人を育てる!」「業界随一の技術力」など、さまざまなキャッチフレーズがあるが、その会社が標榜していることを批判・否定したり、疑問視するような聞き方は禁物……というのがトークの基本だ。

このケースの場合、「アットホーム」を掲げている以上、その会社が職場雰囲気を非常に重視していることは確実だ。たとえ応募先で飲み会や社員旅行などが行われていない場合でも、「できれば業務時間外の付きあいは避けたい」というニュアンスを含んだ言い方をすれば、社風に合わないと判断されても仕方がない。

モデルトークのように、まずは前職場でチームワークを重視し、和気あいあいと働いてきた実績をアピール。そのうえで気になる業務時間外の行事や催しの有無を確認していくのが賢い聞き方だ。

事業内容がどうもあいまい、怪しい会社では……

ケース

求人広告に記載されていた事業内容では〝精密機器部品の輸入・販売〟だった。URLの記載はなかったが、社名で検索して探したホームページで見ると会員制の健康食品販売や派遣業務も……。どうも正体不明のような気がして不安。でも「どんな会社なのか」とは聞けないし。

●モデルトーク

「ぜひ御社で働きたいと考え、ホームページを拝見しました。会員制の健康食品販売や人材派遣など幅広い事業も行っていらっしゃることを知り、興味深く感じたのですが、これは今回の採用とは関係ない別部門の事業なのですか？　また、私が貿易事務職として採用された場合の配属先は、求人広告にあった精密機器部品を扱う事業部門であると理解してよろしいのでしょうか？」

確認ポイント＆アドバイス

何が不安要素なのか問題点を整理したうえで確認をしたい

まず知っておきたいのは、複数の事業を行っている会社は少なくないこと。応募先企業の社名をインターネットで検索してみたら、公序良俗に反し違法性の疑いが著しい会社だった……というような例外を除けば、事業内容がわかりにくいからという理由で警戒心を抱きすぎるのはよくない。

当然のことだが「御社は、いったいどういう会社なんですか？」など、面接担当者も当惑するような聞き方をしないように、まずは確認すべき気になる点を整理することが大切。

このケースの場合、確認したいのは3点。つまり、応募職種である貿易事務として採用されるか、扱うのは健康食品ではなく精密機器部品か、また実際の配属は派遣先ではなく社内か……である。これは日々の具体的な勤務条件や仕事内容に関係してくることなので、確認項目の中でも重要度の高いこと。逃げ腰にならず、ぜひともきちんと尋ねるようにしたい。モデルトークのような聞き方をすれば、悪い印象を与えずにその3点に関しての回答を得られるはずだ。

なお応募職種に関係する事業内容は、聞かなくても説明があるのが普通だが、それ以外の事業でも調べて理解できなければ率直に尋ねてOK。「恐縮ですが不勉強のため、求人で拝見した御社の〝ネットコンサルティング〟という事業内容がよく理解できないのですが、具体的にどういう事業なのか簡単にご説明いただけますか？」など。

出産や子育てと両立しやすい会社か？

ケース

結婚・出産・育児も自分にとっては重要なキャリアプランニングの一部。20代のうちに、そうした条件にも合って長く勤続できる会社に入ろうと転職を決意した。だが、応募先企業が実際に結婚したり出産した後でも勤続が可能かどうか……は求人広告ではわからず、不安。

●モデルトーク

「私は、長く勤続することで実務力や適切な対応力を磨いて会社に貢献したいと思っております。まだ結婚予定はありませんが、家庭と両立して働き続けるのが希望です。御社では女性が多く活躍されていますが、何か出産・育児と仕事を両立するような制度や工夫があるからでしょうか？　また実際に育児と両立して働いている方がいらっしゃるかどうかも教えていただけますか？」

確認ポイント＆アドバイス

勤続意思や貢献意識のほか当面の出産予定がないことを伝える

「ポジティブ・アクション」「ファミリーフレンドリー企業」といった言葉を聞いたことがあるだろうか？　前者は企業内の役割分担・配置・昇格における男女格差の解消を目指す積極的な取り組み。後者は育児・介護と仕事が両立できるような制度をもち、多様かつ柔軟な働き方を選択できるような取り組みを行う企業のことで、厚生労働省が企業表彰も行っている。

応募先が、そうした意識を強くもつ企業であれば「御社には出産・育児と勤務を両立する制度があるか？　実際に制度を利用して勤務している人がいるか？」と聞いてもかまわない。

しかし、このケースのように情報不足の中では、そこまでの直球はキケン。応募先の会社規模や設立後年数によっては、まだ制度もなく〝育児休業〟さえ利用実績がないという例が多い。たとえ女性の勤続を願い、将来は制度が必要と考えている会社でも、あまりにもストレートな聞き方をされると、いい印象は受けないのが普通。場合によっては「まぁ、育児休業の申請は拒否できませんからねぇ……」と面接が険悪ムードに陥る恐れもある。

重要なのは、制度の有無よりも会社の理解。モデルトークを参考に表現を工夫して、面接担当者の考え方や会社の実情を聞き出すようにしたい。なお、その際には勤続意思や貢献意識はもちろん、未婚者・既婚者ともに当面の出産予定がないことを忘れずに伝えることもポイント。

付　録

内定通知から入社まで

ときには必要な内定通知後の交渉

最終面接もクリアして、ついに応募先からの内定通知……。だが、転職活動が終了したわけではない。内定通知が届いても、こちらから承諾の連絡をしなくては内定は決定しない。また労働契約を結ぶに当たっては、さまざまな条件を再確認しなくてはならない。まだまだ交渉が必要になることもある。

1 内定通知への返信連絡は一両日中に行う

■内定通知イコール内定決定ではない

最終面接の結果が出るまでの期間は、1週間前後という例が多い。だが、会社によっては最終面接での即決もあれば、応募者が殺到して選考に手間取り1ヵ月以上待つケースも……。選考結果の連絡をいつ・どんな方法でもらえるかは、面接で応募先企業に確認したい質問のひとつだ。だが聞きもらしてしまい、なかなか通知がこなくて心配なら応募者側からの連絡もOK。ただ、あまり早いと迷惑。最低でも1週間から10日間ぐらいは待つ姿勢がほしい。

そして、いよいよ内定通知。ところで「内定通知イコール内定決定」と思っていたら、それは間違い。通知に対して、応募者が承諾の入社意思を伝えることではじめて内定が決定するのだ。

電話通知の場合は、その場で返事をする人が多いが、焦ってはダメ。また郵送の場合は通知が届いたら必ず一両日中に電話で返信連絡を。入社意思を伝えるのは後でもいいが、この返信の連絡が遅れると〝入社辞退〟として扱われる恐れがあるので注意。

また連絡の際は面接（採用）担当者に、これからの入社手続きなど初出勤までの期間〝お世話になることのあいさつを忘れずに述べておくようにしよう。

■返事の保留や内定辞退の連絡は迅速にする

内定通知をもらって、迷うことも多い。複数の会社に同時応募し、第二志望の会社の内定通知が先行することもあるからだ。返事を保留し第一志望の通知を待ちたいときも、まずは連絡。「家族と相談したい」などの理由を述べて頼めば、ほとんどの会社は入社の諾否についての返事を待ってくれる。

ただし問題は期限。先方からも必ず聞かれるはずだが「○○日まで」と期限を区切ることが不可欠。通常、待ってもらえるのは2〜3日、交渉次第で最長1週間。その間に第一志望の結果が出ればいいが、1週間以上も先になるようだったら、最悪、内定を取り消されることも覚悟して頼む必要がある。

そのほか「面接でくわしい話を聞いたら、自分の希望と合わなかった」など〝入社辞退〟の場合、その気持ちが固まった段階で、いち早く応募先に電話を入れるのがマナー。入社辞退の連絡が遅れるとトラブルに発展することもあるので、くれぐれも注意。

●モデルトーク（入社諾否の返事の保留）

「内定通知を頂戴しました○○と申します。この度はありがとうございました。早速にも入社承諾のお返事をすべきなのですが、実は家族が今回の転職についてくわしい話を聞きたいと申しており、説明のために郷里に行かねばなりません。私としては家族にも御社への入社を喜んでほしく考えており、誠に勝手なことで恐縮なのですが○月○日まで返事を待っていただけないでしょうか？」

※応募先企業の都合や感情にも配慮して〝お願いする〟という姿勢で交渉。「ほかの会社の通知を待ちたいので……」などと言うのは絶対にNG。入社意思があることが伝わるように話すとベター。また場合によっては断られるケースもあるので、それも覚悟して。

●モデルトーク（内定辞退）

「内定の通知をいただきました○○と申します。この度はお世話になりありがとうございました。実は、大変申し上げにくいのですが、内定を辞退させていただきたくご連絡しました。将来を左右することなので、十分に考えて悩んだ末のことですが（面接でもお話ししました他社のほうでお世話になることを決めました）御社にはご迷惑をおかけすることになり申し訳ありません」

※辞退を決心したら、内定通知がくる前でもOK。応募先企業としては、早ければ早いほど助かる。辞退の理由を聞かれたら、このモデルトークの（）内のように簡潔に話す。聞かれなければ「都合が悪くなりました」といった漠然とした言い方でかまわない。

2 入社前の確認・調整・交渉こそ「面接」の総仕上げ

■入社前は採用担当者との連絡をこまめにとる

左ページは初出勤までの流れ。内定通知に入社意思を伝える返事をして内定が決定した後も、やるべきことと、確認すべきことがたくさんある。

まずは入社予定日を明確にすること。すでに退職している応募者の場合は問題ないが、まだ在職中なら現職場を円満に退職することが第一優先。残務処理や引き継ぎができるスケジュールを組んで退職日を調整。その日付を記入した〝退職願〟をこの時点で提出し、それをもとに入社日を決めるとよい。

なお入社日まで期間がある場合は、採用担当者にこまめに連絡をとることが大切。「退職までのスケジュール内容」「引き継ぎの進行状況」など、週1回くらいのペースで連絡するとベター。それができていれば、万一、退職日が延びて入社が遅れるような事態になっても、採用担当者に調整の対応をしてもらいやすいのがメリット。トラブルになりにくい。

■初出勤まで「面接」は継続されていると考えよう

また重要なのは、勤務条件や給与・待遇などの確認。「労働基準法」によれば、採用時には給与や労働時間、その他の労働条件を提示したうえで「労働契約」を文書で交わすことが義務づけられている。だが、細かな条件については口頭でもよいため、聞きもらしたり、よく理解できないまま入社してしまう転職者が少なくない。

入社後に「こんなはずではなかった」と後悔するようでは困る。それを防ぐには「入社を承諾する」ときに再度、確認項目リスト（135ページ）を参照、チェック点を総ざらえするのも方法。

とくに給与は重要。面接で具体的な給与額を聞けなかった応募者は、ここが確認タイミングだ。給与額も不明、条件もあいまいといった状態で「入社承諾書」を提出してはいけない。

心しておきたいのは、採用担当者との言葉のキャッチボールをまだまだ持続していくべき……ということ。採用内定を得たからといって、気持ちをゆるめてしまうと、いままでの苦労も水の泡。本当の意味での〝転職成功〟を手に入れるためには、内定通知から初出勤までが、実は「面接の最後のハードル」なのだと捉えておくことをおすすめしたい。

面接終了から内定通知、契約、初出勤までの流れ

面接終了後
●面接のお礼状を書く

ハガキでよいので、帰宅後“すぐ”に書いて投函。あるいは翌朝見直して投函。面接でカバーしきれなかったハンディや何か思い当たる失敗などがあれば、それをフォローする内容も加える。

内定通知が届く
●一両日中の返信連絡が必須

一般的には“採用内定”なら電話による連絡、“不採用”の場合は郵送やメールも多い。その場合も一両日中に返信連絡すること。返信が遅れると“内定辞退”と判断されることもある。「入社の諾否を迷っている」「条件の確認を行いたい」「他社の通知待ちをしたい」などで入社諾否の返事を保留したいときも、とりあえずは連絡。期限を区切って“返事の保留”をお願いする。

入社を承諾する
●条件を確認して入社承諾の意思表示

入社を承諾すれば内定が決定。内定先企業によっては書面による「入社承諾書」を提出。だが、その前に勤務条件や給与・待遇の不明点・疑問点、また面接で聞きもらしたことや結論が出なかったことの確認が大切だ。給与交渉をする場合のタイミングもこの時点。「面接のときには大まかにうかがいましたが、○○について確認したいのですが」などと切り出すとよい。

入社日を決定する
●在職中の人は退職日の調整からスタート

失業中の人なら、入社日は求めに応じるのが基本。しかし在職中の人なら、内定先企業も前職場の円満退職を優先してくれるのが普通。退職手続きを開始、確実な退職日が決まり次第、内定先の採用担当者と話し合って入社日を決定する。入社日までの期間がある場合は、マメに採用担当者に連絡して状況報告をすることを忘れずに。

雇用契約を結ぶ
●契約条件をまとめたメモを作成

「労働契約書」を交わす。ただし細かいことは文書表示義務がなく口頭説明が一般的。いずれも面接時や内定承諾の際の確認とギャップがないかチェック。「労働契約書」をもらえない場合は、自分で各条件を記したメモを作成。「誤解があるといけないのでメモにしたのですが、ご確認いただけますか？」などと採用担当者にチェックをしてもらい、保存しておく。「就業規則」にも目を通して、疑問があれば解決しておく。

提出書類を準備する
●指示をよく聞きモレなく準備

入社手続きに必要な書類は結構多い。「雇用保険被保険者証」「年金手帳」「源泉徴収票（退職年に再就職の場合）」をはじめ、会社によっては「健康診断書」や「住民票記載事項の証明書」、社員証に貼付する「写真」、給与振込み用の「指定銀行の通帳のコピー」「身元保証書＆身元保証人の印鑑証明」など。指示をよく聞いて、モレなく準備したい。

初出勤する
●できる範囲で事前の入社準備

初出勤までに余裕があれば、就業規則に目を通したり、業務関連の予備知識を仕入れておきたい。たとえば取り扱い商品の種類・特徴、主要得意先の名称、支社・営業所の所在地など。また人脈は宝。ハガキでＯＫなので「転職あいさつ状」も出したい。そして、いよいよ初出勤。注意したいのは出勤時刻。社風はさまざまなので、始業時刻から憶測せず採用担当者に尋ねておくと安心だ。

小島　美津子（こじま　みつこ）

職業とキャリア形成、女性の社会進出をテーマに媒体企画や取材・執筆を続け、85年に（有）クリエイション　ユウを設立。教育情報誌や求人情報誌の外部ブレーンとして別冊編集やムック企画制作、また読者サイドに立った転職ノウハウ、資格ガイド・職業ガイドの記事を担当。その傍ら、随時開催の『小島転職塾』で転職・再就職の指導・助言に携わる。幅広い業種業界にわたる職種知識と通算1000社を超す採用担当者取材に基づく現場感覚のある実践的アドバイスが好評。著書に『現代女の一生“仕事・職場”』（岩波書店・共著）、『27歳からのキャリアアップ・脱OL講座』（フレーベル館）、『採用される履歴書・職務経歴書はこう書く』（日本実業出版社）など。

＜モデル応答例《おうとうれい》付《つ》き＞

採用《さいよう》される転職者《てんしょくしゃ》のための面接《めんせつ》トーク術《じゅつ》

2003年10月１日　初版発行
2017年７月10日　第30刷発行

著　者　小島美津子
発行者　吉田啓二

発行所　株式会社日本実業出版社　東京都新宿区市谷本村町3-29 〒162-0845
大阪市北区西天満6-8-1 〒530-0047
編集部 ☎03-3268-5651
営業部 ☎03-3268-5161　振　替　00170-1-25349
http://www.njg.co.jp/

印刷／三松堂印刷　製本／共栄社

この本の内容についてのお問合せは、書面かFAX（03-3268-0832）にてお願い致します。
落丁・乱丁本は、送料小社負担にて、お取り替え致します。

ISBN 978-4-534-03645-2　Printed in JAPAN